Ludwig Weibel
Seinsgefühl in Versen
Vom Gedanken zur Tat

Books on Demand

Bibliographische Information der Deutschen National-
bibliothek. Die Deutsche Nationalbibliothek verzeichnet
diese Publikation in der deutschen Nationalbiblio-
graphie, detaillierte bibliographische Daten sind im
Internet über http://dnb.dnb.de abrufbar.

© 2016 Autor: Ludwig Weibel
Herstellung und Verlag:
BoD – Books on Demand, Norderstedt
ISBN 9783741252433

Ludwig Weibel

Seinsgefühl in Versen

Inhalt

Vom Habenichts zum Krösus	5
Funkelnd in die Nacht gezogne Spur	17
Königsgabe	28
Verheissung	39
Seinserfahren	51
Singende Schalmeien	62
Allempfinden	73
Geriesel der Äonen	84
Sonnentränke	95
Sphärenharmonie	105
Stern der Weisheit	115
Unverlorenes Verlieren	125
Urgewissheit	135
Ein gläsern Glockenspiel	145
Sanftstimmig sing Ich	155
Engelschwingenflor	165
Mummenschanz	175
Lebenspoesie	185
Galaktische Gelöstheit	195
Raumverklingen	205
Wonne des Begreifens	215

Vom Habenichts zum Krösus

Erwählung

Meine Stimme ist des Lichts Gebären
Mein Gewalten deines Harrens Lohn
der Bannstrahl dein Erglühen

Ich lieg dir zauberkräftig in den Ohren
Deine Sinne lass Ich nimmer los
und reiz dich ins Entzücken

Dem Stamm der Grossen eingepfropft ist dein Erheben
Das Reis der Bitternis gerissen aus dem Pfahl
dem Jubellied anheimgegeben

Ich mahle das Befreiungskorn in deine Truhen
Des Rings Zerspringen pass Ich dir
durchrennend mit dir Himmelsweiten

Vom Habenichts zum Krösus schleif Ich dich der Schätze hocherhaben
Das Reich des Reichtums brech Ich vor dir aus dem Stein
und schmelze dir das Gold der Freudenähren

Zur Lieblichkeit will Ich dein Werk vollenden
berückend in der Blüten Pracht
in die Ich Meinen Nerv gegossen

Ins Skurrile drall Ich dein Gedankenleben
zum Blattgewirk im Scintillieren
des brillantnen Strahls
vom Unergründlichen in deines Sinnens
Herz geschossen

Gerade du sollst Meine Meisterschaft entlarven
sollst offenbaren wessen Spross Ich Bin
und Meine Klänge in die Welt posaunen

Geschrieben steht, dass Ich dein Angesicht gebäre
Mein Lächeln leg Ich auf den Schmelz der Wange
hin
der Welt die Schöne zu bezeugen

Vernimm das Tosen stürzender Kaskaden
das Brüllen aufgepeitschten Meers
Gedonner des gefällten Felsmassivs

getrost in Meinem bergenden Umfangen
gesäugt von Meiner Brust im Wiegespiel
im Schlummer der Holdseligen

So hab Ich dich ins Sein gezogen
erhoben zu des Lichtes Strahl
dem Sternglück preisgegeben

Meditation

Der Schleier schwebt die Maske fällt   ins Einen
Gelassen führ Ich dich zu Mir
Hier *Bist* du –

Sein ist allzeit Freude des Elysiums

Des Lächelns der Verklärung inne
zieht die Seele federleicht dahin
dem Licht erkoren

Das Sein geschieht
Die Silberträume rauschen
seelenruhig vor Mich hin

Nichts ist hinzuzufügen
ton-lose Stille, ohne - Odem
Meine Geistheit nehm Ich wahr

Jenseits Bin Ich
un-geboren

Das Gewordne ist inMir
raum-los, zeitlos
tief verborgen

immerzu

an Meiner Stätte Bleiben
in Meiner Liebe Schoss

Im Ungeoffenbarten Bin Ich
wachende Brillanz
All-herrlichkeit

das *eine* Wesen
Hauch der Sphären

Wahr-heit

schwingendes Entzücken

Freie

makellos

Beschauung

Präsenz im Schweigen
Unendliches ist nah
der Seele zu gehören

Lichtkaskaden, Auferstehn
ins Sein verwoben

Seligkeit im Weilen
Du und Du und Du
im Geheimnis des *Ich Bin*

Allmächtiges Verströmen
der Segensbrände in die Zeit
die Geister zu belehren

Ich reinige den Raum
gesammelten Zerfliessens
Meiner Lichtkraft

Unerbittliches Geschehn
Äonenatem
Liebende Langmut

Schwebende Gedankendichte
Eingegossnes Mitgefühl
verschneiend Glorie ins Weltenweinen

Herabkunft explodierenden Jubels
innewohnend   ungestüm
dem Lichterscheinen

Blitzende Helle im Atoll
Meergeklatsch liebkosender Raison
Selbstbegeisterung in Prunkgesängen

Versunkenheit ins Unergründliche
Ins Erhabene geflammte Schau
zerstiebender Unendlichkeiten

Im Punkt
gesammelt
Bin Ich

konzentrierten Seins Idol
gestauten Willens Bruch
ins lächelnde Ergeben

Selbstbefinden

Leib der Gottheit *Bin Ich*,
Kosmos der gezählten Sterne
Dem Wandelbaren hab Ich Mich geweiht

Vom Sein Umschlossener steh Ich
in eignen Nöten

Mein Werk der Schwung entfliehender Giganten
Geistraum den Ich Mir beschwor
Belebter Inseln schwelende Titanenkämpfe

Grausen zieh Ich aus der pfeifenden Retorte
werfe Widersacher ins entwogende Gewühl
um unerhörter dann des Lichtes Sieg zu feiern

Ich bäum Mich auf an Meiner eignen Schwere
stau Mein Gewalten, lass es zischend gehn
und ströme Sagenhaftigkeit in Mein Bewahren

Das unerhört Verwegne reizt Mich
Meine Spielsucht treibt Mich in die Schöpfungsqual
und lässt Mein Treiben an sich selbst verbluten

Phönix Bin Ich, eigner Asche Auferstehn
Erlosch'ne Sonnen schleudr' Ich in Bahnen neuer
Glut, Gesandte Meiner Lichtkraft im Ergleissen

In allem Bin Ich doch verborgen
Mir selber unbekannt im Geisteswehn
verschlossne Wachheit, unentbundnes Wagen

Zurückgezogen in des Seins Gemach
Bin Ich ganz Herz, gestillteTränen
Gesammelt in die Bucht beseligender Ruh

Meine Einheit auszutragen
Unendlich Meer zum Kreis gewunden
Gestade lichterAndacht um Mich her

Entzückt ins Urgefühl gebunden
bewein Ich Meine Abgeschiedenheit nicht mehr
der Fülle der Vollendung hingegeben

So lass Ich Mein Geheimnis in Potenz versinken
verbergend vor Mir selber Mich im Sinnensaal
ganz lauschendes Verweilen

angehaltner Atem
Equilibrium des Glücks -
vor dem
Erschauern

Zwiegespräch

Alle Stätten des Geschehns Mein Wesen
Jeder Traum in Meinem Sinnen wahr
vom Willen in die Wirklichkeit gezogen

Mein Denkleib ist der Ideale Spriessen
die Seele Inbegriff georteten Gefühls
der Wille reine Macht im Überwiegen

Die unermessne Grösse Bin Ich und die Kleine
der Kosmos noch im Samenkorn
im Element das Ganze zu entladen

Sei Mir nicht bang Ich schütze dich
Das Sein ist ein Erröten der Sanftmut
liebvoll vor dich hin getragen

Ich Bin dir heimisch
in der Heimlichkeit der Sphären
begreife dich wo du Mich nicht verstehst

Das Los der Freiheit hab Ich dir schon längst gezogen
gelegt den Keim des Seinsgefühls
Mir selber zu gefallen

Du bist das Kommende in Meinem Werden
die Wirkkraft Meines Überstehns
ins Gold der Unbestechlichkeit geschlagen

Mein Werk ist ganz in deiner Hände Tun geladen
Auf dieser Erde herrsch Ich durch des Menschenwills Elan
in unerbittlichem Verlangen

Naturgesetz bestimmt das Aneinanderfügen
gesetzterTaten Tag für Tag
in ungeschontem Dich Entlarven

Nur dass du Meinen Willen spürst will Ich
und dein erschütterndes Vergeben –

Dann öffnet sich des Tempeltors Verhangen
Du schreitst in Meiner Innheit himmelan
der Wahrheit deines Selbstes zu begegnen

Von Licht und Freuden überströmt
empfängst du Meiner Segnung Strahl
ins Grandiose und Geringe
Meiner Einigkeit geschlossen

Im Musentempel

Ich habe Mich im Menschenkosmos
zur Versöhnlichkeit erhoben
Dem Zärtlichsein befreie Ich den Pfad
von Musenanmut wesenhaft umgeben

Der Liebessehnsucht Tränen seh Ich übergehn
ins klingende Gefäss der Freude
derweil die Seelen sich zur Sanftmut runden

Ich Bin die Wonne mit den Zweien
sich in geheimsten Tiefen zu verstehn
des Menschenseins im heimatlichenTal

Der Strom der Stille gleitet epenbreit in ihr
Gewahren
und tränkt ihr Sein mit wisssender Bravour
dem kronenvollen Lebensbaum entkeimt im Blüten

Sie lauschen mit den Lauschenden
ins Morgenschweigen
Beglückte der allheiligen Natur
im Gleichklang innigen Erlebens

Von Rosendüften reinerZärtlichkeit umwunden
bedeuten sie sich was der Sternenzeit gefiel
Der Born der Weisheit murmelt sänftigendes
Sagen

Den Traulichen vereint seh Ich dem Spiel Mich weihn
in das sie selbstvergessen tauchen
im holden Aneinander-sich-Vergeben

Die hingegossne Form besinnt sich auf den Klang
gestrichner Fingerbeeren
Das Nahsein schaukelt Wohlgefühl ins Blut
und füllt es mit entzückendem Erfahren

Der Odem der Gelöstheit weht vorüber
und bettet sie ins traumverlorne Ruhn
derweil die Wärme fliesst ins siamesische
Berühren

So fühl Ich Mich in Beiden durch die Stille gleiten
versunken ins Harmonische des Weltgefühls
von Sorgenlosigkeit dahingetragen

Die Leier summt ihr Lied getröstet ins Verbreiten
Zur Freud gestimmt entsteigt das Paar dem
Traumgemach
der Welt den Frieden anzusagen

Das ist was Weise im Erkennen tun
verehrend sich im Menschensein
in der Vertrautheit Liebesseligkeit erfahrend

Selbsterkennen

Ich erkenne Mich im Sein
Mein Saum die Grenze zwischen Licht und
Schatten
Meine Mitte undenkbar beseeltes Gründen

Seiende Potenz,
allherrliches Gelingen
vor demTun

Hinter allem Schein
Bin Ich
bewusste Lauterkeit voll Ruh

Schöpferwillen,
schweigende Vernunft
gesammeltes Empfinden

Vollendung ohne Grenzen
Ab-geschiedenheit,
unendliches Erwarten

Weiselose Weisheit
sinnenloser Sinn
wangenlosen Lächelns Wohlgeraten

Selbstbewusstsein
Sternenreinheit
unerhobnes Wehn

Gezückte Meisterschaft
Schalmei vergessnen Atems
Harrendes Versenden

Innheit
Ebenmass
Triumph der Würde

Wesendes Geheimnis
Fülle
Leere

Schweigende Präsenz
Gesonnenheit
Erhabenes Beschauen

Schwebendes Entzücken
Un-licht
im

Ergleissen

Funkelnd in die Nacht gezogne Spur

Geistesblitzen

Werkgemeinschaft schierer Herrlichkeiten
Geistesblitzen durch den Kreissraum der Ideen
eine Saga wird geboren

Hall und Widerhall im aufgeworfenen Rumoren
Trinkgelage glamouröser Düfte
Feenträume im beglückenden Entschleiern

Ausser Mich gezaubertes Gerinnen
Ins Unendliche sich brechender Titanenstoss
GeballterWille im Entweichen

Eruptives Sterngestöber
Funkelnd in die Nacht gezogne Spur
Feingehalt im silbernen Geriesel

Wolke horngeballten Tönens
Sich dem All vernetzendes Gebräu
synthet'scherSonderheiten

Dramaturgie zerstiebenden Entladens
Beformung freigesetzter Energie
Gewogenheit im Sinnbild schwebenden Beruhns

Ins Kosmische gestrichne Milde
Sinnender Flammung tänzerischer Ton
Entzückendes Mich-selbst-im-Spiel-Gewahren

Manifest erhobener Gestalten
Zur Form gemuldetes Empfangen
Begrifflichkeit im fortgesetzten Werden

Erlesne Zierart schwingender Gedanken
Gebilde tiefgestochner Projektion
Beseelte Klarheit im Erleben
Tau brillantnen Funkelns
Ins Sein gesetzte Harmonie
glückseligen Geratens

Auf Samt gesetzte Preziosen
Verwunderung im glanzdurchschossnen Saal
Gesang des Seelenreichtums im Erträumen

Des Lächelns Weisheit im Parieren
Der Reiz der spiegelglatten See
im still gewordenen Gewahren

Einheit

Auf deiner Stirn das Mal der Auserwählten seh Ich
strahlen

dein Herz in Lebensliebe wesenhaft erglühn
dem Gottgefühl der Einigkeit ergeben

Der Schöpferordnung Preis seh Ich auf deinem
Brustschild prangen
Dem Makrokosmischen geweiht gewahrst du deine
Kleinheit im Verstehn
und überwindest siegreich alle Grenzen

Ich Bin in deinem Harren grosse Langmut
versetze Mich voll Lust in deinen Strahl
der Welt Gewogenheit zu bringen

Künder Meiner Tugend bist du im Ertragen
Getragener in Meiner Würde Schoss
Mein Vorbild im Behaupten

Spontan beruf Ich dich zum Überbringer Meiner
Pläne
begabe dich mit Weisheit in der Worte Wahl
den Lauschenden Mein Richtmal anzukünden

Der Schwung ist dem Impuls gemäss erkoren
Die Dauer unbegrenzt im Schöpfungssaal
der Trieb der Erdenwelt in deine Hand gegeben

Ruhlos dem Ruhn entsandt
aus Universenmacht gezogen
send Ich Verhalten in dein Ziel

Verzage nie in Meinem Weltgewalten
Gewinne was Ich deinem Lebenslauf vergab
Den Ruf der Unbedingtheit lass ertönen

Ich Bin dein Handeln im Gezeter der Despoten
im blitzenden Gezänk dein Schwert

den Sieg vollbringend wider Willenskräfte im
Verbluten

Du wirst den Weihekranz erringen
vom Kampf zur Glorie geprägt
im demutsvollen Mich Gewahren

Ich hör die Wasser grossen Friedens singen
der Deutung Meines Schöpfungssinns gemäss
im Wogenfeld der aufgeblühten Saaten

Die Ernte hol Ich heim
Die Freude zieht geklärte Spuren
im umfassenden Verlies

Zweisamkeit

In einer Sternennacht hab Ich die Zweisamkeit
erfunden
Der Sehnsucht gab Ich schöpferkräftig ihren Lohn
Yin und Yang ins Rad der Einheit eingebunden

Getrenntes will sich einen
Geeintes drängt sich aus der einen Zahl
naturgesetzlich Meinem Weisheitsspruch ergeben

Zärtlichkeit will weinen
Hingesunkenheit im Tod vergehn
Leben schiesst ins bebende Vereinen

Eine Laute hör Ich klingen
eines Liebenden Gesang
Herz dem Herzen zu gewähren

Wallenden Gefühls Gewalten
aufgelöste Innheit im Verwehn
vor dem sieggewohnten Strahl

Ruh und Unruhs Wechselgarben
Sturm und Säuseln brüderlich
in den Wind geschlagen

Freudensonne, Herzeleid
Wonne vor dem schneidenden Verlust
Gläubigkeit versinkend ins Verzagen

Licht und Schatten hingeworfen
ausgesetzt - und eingerollte Tat
drängend nach des Sinns Erkennen

Meinem Sein entsprungen
liebend ausgegossen ins Gedeihen
fluten alle Dinge Mir entgegen

Born der Weisheit
Pflücker praller Reife
Gütiger Verwandler ins Bestehn

Retter ins Versöhnen
Heimat wonnevollen Trosts
Des Seins Gelassenheit im Reinen

Triumph der Einung
Allgestaltend, unversehrt
leis
beglückten
Atems

Entfaltung

Ich will dich mit dem Lichttrank reiner
Wohlgefälligkeit begaben,
gestatten dir im Wesenhaften aufzugehn
wo sich die Träume in die Wirklichkeit entbinden

Hier wohnt den Dingen des Entstehens Weichheit
inne
Der Formung Inbrunst quillt durch sie
ins gemessene Gestalten

Des Blühens Lieblichkeit entzündet sich am
Wohlgeraten
Wie Farbenbänder flattern Festlichkeiten ins
Geschehn
sich dem Beschaulichen gefällig zu erweisen

Die Elemente giessen sich ins Vielgebaren
Gedankenstoff ballt sich in brodelnde Gewalt
des Willens Wirkkraft zu entfalten

Dem Urgrund tätigen Verlangens zeigt sich das
Entwinden
Phiolendämpfe quirlen aus dem Schlund
sich auf des Geistrufs Bildwerk zu besinnen

Ich seh gigantisch im Entfluten
wie sich das Wesen der Entfaltung myriadenfach
vertut
dem Sauseblitz der Teilung unbedingt ergeben

Zum Hochkamm schwingt sich auf die
machtgewandte Woge
krönt sich mit Gischt geballten Übergehns
dem Schöpfersinn ergebungsvoll zu Füssen

Des Überbordens Fülle taumelt sich ins Enden
Die Tatenlust zerstiebt im Niedergehn
von Katarakt zu Katarakt der Bodenlosigkeit
verfallen

Zutiefst ins Spiel gesenkt verweil Ich doch im
Guten
hab Mich zur Wachheit ausersehn
dem Sein gemäss im Übersinnlichen zu hausen

Kein Wölkchen dort vermag Mein Angesicht zu
trüben, des Reine reinen Willen um sich schart
Mein Sinnen ist sich selbst unendliches Genügen

Der Wein der Seligkeit wird niemals schalen
Des Universums Dom zieh Ich an Mich heran
Schon teuft er sich in Mein Allwesens unerreichte
Gründe

wo er - in Ewigkeit von sich zu träumen -
im Aberraum erstrahlenden Bewusstseins
Mein Ichs Vollenden ist im gloriosen Thronen

Ich Bin

Ich Bin das Wesen aller Wesenheit
Dynamik, waltendes Verstehn
im unbedingten Wohlgeraten

Erfüllte Absicht
Sinngehalt im Seien
letzteTiefe im Begründen

Allgepränge seinsgeboren
Seien makellos in sich
Wesen Meiner selbst

Ungetriebnes Geistgold
Keiner Schwingung Ton
Essenz begehrenswerten Taugens

Wirkkraft Bin Ich im Vergeuden
erlesne Wohlgenutztheit weltgesehn
vermyriadenfachtes Strahlen

Prinzip des Hoffens
Herzweih, wonnesam
ErfüllteTugend

Umsorgende Gewähr Bin Ich
präsenter Innheit Sagen
Erwachen in der Seele Saal

Nah im Geringsten
Wirkenden Gedankens Güte
Odem des Gerechtseins

Feierlicher Krönung Majestät
Glanz der Schatten
Allen Erbes Anspruch

Glorie von immanenten Gnaden
Weihung in Alleinigkeit
Gesammeltes Beruhn

Beseelten Lächelns Sinnbild
Schlichte
Demut

Weises Wohlbetragen
Währendes Erwählen
Reiner Seligkeit Gespiel

Trautheit

Ich überschatte dich in deinem Weltgewahren
Bin deiner Wesenheit besorgte Näh
dein Seins beschützendes Gewanden

Dein Wesens Wohnstatt Bin Ich traumverloren
dein Herzens eingesenktes Licht
das Flämmchen, deinem Trauern heimzuleuchten

Im Flügel Hoffnung streift dich Mein Verwehen
in der Genügsamkeit Mein hingelegtes Ruhn
im schlichtgewordnen Reifen

O selig bist du Meinem Sinn ergeben
Befriedet schmiegst du dich Mir an
von keiner Sorge umgetrieben

Was zagst du noch Mir zu gehören
Verschenk den Kummer Meinem Sehn
der Muttersorglichkeit verbunden

Ich träufle Trautheit in dein Sehnen
begabe dich mit Liebesmut
dem Leben dein Verschenken darzubringen

So sei was Ich gewähre dein Erheben
dein Menschensinnens Zuversicht
im wunderbaren Innewohnen

Prophetisch scheint was Ich besage
Des Wahren Offenbaren ist von keinem Fehl
getrübt, dich ins Geheimnis zu erlösen

Willst du Mein Innesein gewahren
gib dich voll Treue Meinem Werben hin
dem Ruf der Sanftmut im Erliegen

Das Gold der Stille hab Ich dir vergeben
den Silberquell der süssen Nächte im Erflehn
holdseliges Nach-Meiner-Traulichkeit-Verlangen

Gefunden hast du sie im Brautgemach der Schöne
Gestillt ist mit Beglücken was die Hoffnung sah
Von deinen Wangen fliessen Freudenzähren

So leicht bist du ins Heiligtum getreten
Unübertrefflich ist der Treue Siegeslohn
im allverbindenden Vergeben

Sternenpracht

Ich offenbare dir die Majestät der Sternpracht im Erblühen
Aus Geisteswellen schäumen Sonnen auf dem Glanz entnommen
In Mich gesenkt versprühen sie die Blitze ihrer Gaben

Sie haben das Geheimnis Meiner Nacht zu hüten
Als Inseln reiner Liebe schweben sie dahin
der Allentfaltung Kräfte auszustrahlen

Zu Wirbeln schierer Grösse hochgezogen
enthüllen sie Mein Wesens Seien
In sie gesenkt *Bin Ich* Mir selbst zu Ehren

Von Stern zu Stern seh Ich die Botschaft der Erbauung blitzen
Zur Bruderschaft vereint ist ihres Strahlens Sinn
in Meines Universums Unterfangen

So abergross Ich Bin so klein Bin Ich im Kleinen
Es kreisen Sterne auch in dir

Ich seh des Lichts Atome sich zum Menschenleib vereinen

Im Mikrokosmos Universenpracht zu bauen
ist Meiner Taten Siegestat
Mein Aberwille durch Äonen

In dich geschlossen schliesst ein Kosmos sich ins Menschensein
In dein Geäste prägt sich das Gesetz der Sonnen
Von Kreis zu Kreisen reiss Ich deine Herrlichkeit dahin

Es ist dass Ich in dir Mich preise
in reinen Schöpferjubels Ton
dem Taumel der Ideenmacht verfallen

Aus Wirksubstanz gezeugte Glorie
In der Empfindung Feine liebevoll gehegter Spross
von Sonnenwerdekraft getragen

Ich Bin-
die Schöpferwürde auszustrahlen
Mein Sein nimmt in sich selber sich zurück
in hehrem Sinnspiel

Glückselig wer sich Mir erschlossen
der unermessnen Freie zugetan
von eigener Prägnanz

Triumph in Mir von Licht umflossen
Vollendetes Befrieden unfehlbar
dem Sternensein zu eigen

Königsgabe

Ich will mit dir in Schlichtheit das Geschehnis der Geburt umkreisen
dem in die Welt gebornen Lichte eine Gabe bringen von des Herzens Wahl
wie es die Seelenkönige voll Freude tun dahergewallt aus ihren Reichen

Ist wohl die Treue zu dir selbst das Höchste das du Ihm erkoren
Ist es die Hoffnung auf die Glorie in einem all soviel ersehnten Land
Da sag ich dir: es ist der Sinn für Liebe der - die Welt beseelend - deine Seelenkraft durchzieht

So schenke denn dem Kind voll Ehrfurcht was du für das Sein empfindest in des Herzens Gral
Bedenke was es heisst Erkenntnis im Gemüt zu tragen
die dir des Himmels Herrlichkeit vergab

Du wogtest wie die Welle auf und nieder durch die Zeiten
sahst dich hin und her geworfen von der Willkür in des Lebens Saal
kein rettend Ufer beute deinem Aug die Lust mit Vehemenz danach zu streben

Wie trostlos musstest du das Leben in der eignen Öde finden
wie verloren dich in jeder von ihm dargereichten Qual
die dich von Stund- zu Zweifelstunde durchs Gestrüpp der Tage hetzte

Wo liegt der Sinn begann die Seele sehnend sich
zu fragen
Wie soll ich meine Ärmlichkeit im Schoss der
Ungunst noch verstehn
die mir das Leben unbarmherzig zugeladen

Da send Ich dir den Strahl des Liebelichts in deine
Tale
begabe dich mit Sinnkraft in des Herzens Los
und lass es in Begeisterung zur grossen
Wanderschaft erglühn

Wie eine Knospe brichst du auf, vom Stern
geleitet, in die Zeiten
und gewährst dir weder tags noch nächtig Rast
und Ruh
dem unbekannten Ziel zutiefst erkoren

Die Fröste lassen deine Herzenskräfte sich zur
Feuersglut erheben
Die Dunkelheiten werden hell im Glänzen
des bewegten Gehns
dem Wunder deiner Ahnung unentwegt entgegen

Sieh, wie der Strahlende dich schon umfängt
im Seinsgeglitzer
Erkenne was du nie erkanntest, dass du *Bist*
ununterscheidbar in das Seien Seiner Majestät
geschlossen

Der Gaben eine trägst du zum erstrahlenden Rubin
dem Gottesherzen, das sich liebend in die Welt
gegossen
dem heimzuleuchten was du bist:

Sein Eigen im Erkennen deiner Grösse
gerettet im Verschenken reiner Liebeskraft
von Stern zu Stern gesandt im Heilen

Seinserleben

Gottgeweihte Stunde, selig in des Liebelichtes
Wehn
Sieh, der König kommt zu dir dich ins Elysium zu
führen
Glück vom Glücke will Er dir vergeben

Wesenstraulichkeit im Sein ist dein Erleben
Sonnenleuchten wo die Blicke gehn
Friedensstille zu erfahren

Heiterkeit erfüllt dein Seelenschauen
Heil'ge Andacht vor dem Sein
in die Räumlichkeit gegossen

Was du bist umfängt Mein lichter Segen
Der Zusammenfluss von Zeit und Ewigkeit
geschieht
in Meiner Würde strahlendem Vergeben

Ich erhebe Mich in dir zu *Meinem* Fühlen
Kenntnis Meiner selbst gewinne Ich in deinem
Schoss
in göttlichem Gewähren

Du gehst in Herzenseinfalt durch die Tage
von Meinem Lichte wesenhaft durchstrahlt
den Welten Freudenreichtum zu verkünden

Geliebte Seele trag in Schlichtheit dieses Los:
das Fünklein des lebendigen Lebens
im Erkennen - Zug um Zug - der Seligkeit
entgegen

Sternzeichen

Die Stimme der Verheissung einer grossen Freude
spricht dich an
Geheimnisvoller Nächte Dunkel tritt dir vehement
entgegen
Der Gang zum Licht im Reich der Schatten
ist des Seelenringens Ziel

Des Erdenrunds Bewohner grämen sich,
in Not geraten
Die Tücke selbstgewählter Einsamkeit nimmt ihren
Scheitel in Beschlag
und lässt sie an sich selbst verzweifelnd nagen

Der Helferwillen guter Geister strahlt Vergeben
Der Hoffnung Flammen seh Ich weit das
Seelenfeld durchziehn
Geliebte des Erbarmens sind Mir die Verlorenen
geworden

Der Welt des Klageleids setz Ich den Ruf der
Friedensmacht entgegen
Erlösungsschimmer lass Ich in den Herzen glühn
und die Geduld die Sorgenfreie zu erlangen

Was aus den Nächten kommt ist hellrer Tag
im Überwinden
Wovon die Seele stark wird tritt im Wesen des
Advents hervor

Kein einziges der Kinder des Allhöchsten soll
verzagen

Der Stern legt eine Spur auf Herz und Lande
Zum Überirdischen zieht er den Blick empor
die Ankunft des Erretters anzuzeigen

O reine Herzenswonne im Verweilen
Beglückendes Verehren an der Krippe des
Geschehns
Der Heiland ist geboren

Heimkunft

Du bist in Mir Ich lass es dich erahnen
Der Tröstung Gabe reicht für alle Dürftigen in
Meinem Tenn
Das Heil der Heiligung verströmt sich in die Flut
der Menschenseelen

Gebrochen ist das Zepter des Verführungsfürsten
Die Kraft der Wahrheit Gottes tritt hervor
dein Sein mit Sonnenklarheit zu belehren

Du stehst in Meinem Lichte glanzumflossen
Erhabenheit zieht dich beständig an
in Meines Wesens allumfassender Verklärung

Ich lösche dir der Sinne Sehn dich *Meiner* Helle
zu begaben
Da bist du rettungslos an Mich verloren
als Jubelnde in Gnaden überwältigender Flut

Geliebte Meines Herzens Seelensprüchlein Meiner
Menschenlitanei

wie soll Ich dich in deiner Wesenhaftigkeit nicht
lieben
Ob du Mir Saum bist oder Mitte erleb Ich dich
gleich nah
Mich deiner Dürftigkeit vergebend

Siehst du das Kind der liebevollen Wahl
als Korn, den Götterstamm zu zeugen

Mit Urgewalt bricht Meine Herrlichkeit ins Leben
Ich tanze Mich in dir zur Unermesslichkeit empor
die Heimkunft allen Seins im Jetzt zu feiern

Einung

Erlöst dem Sang der Stille lauschend in der
Sternennacht
Im Schoss der Zweisamkeit getröstet vom Gefälle
übergrosser Sehnsucht
Eine Liebesinsel in die Schwingen der
Unendlichkeit gelegt

Gross und schweigend Orion am Horizonte
Hüter einer Myriadenschar
von Götteremanationen

Ich umhülle liebend was die Traulichen sich sind
ins Raumgefühl gegossen
Gemessnen Frieden fühlt Mein Sein bis ins
geneigte Paar
der Seligkeit des Ruhns ergeben

Hier und dort sind eines einzgen Blühens Blüte
Sein ist was sich in sich selbst versteht
im Daseinslust-Erfahren

Leis bewegter Atem an die Freundesbrust
geschmiegt
Namenloses Sich-im-Bund-der-Zärtlichkeit-
geborgen-Fühlen
Born von Kraft aus dem die allerreichsten Quellen
spriessen

Lauterkeit der Liebe im erlabenden Umfangen
Siebenfach ums Haupt gewundner Freudenton
von samtner Sanftmut Märchenbilder zu erzählen

Gnadenvoller Trost im Sich Verströmen
Wonnevolle Eintracht im bewegten Durch-die-
Augenblicke-Gehn
an die Träume nie geschauter Lieblichkeit verloren

Myriadenfach gelebtes Sinnspiel ins Gewand der
Göttlichkeit verwoben
Ihrem Wesen eingeborenes Empfinden
universenweit
von Stern zu Stern getragen

Allempfinden

In Meiner eignen Nacht verborgen ersinn Ich Mir
den Tag
Mein Wesen eine Stätte der Klarheit
Meine Innigkeit kosmisches Licht

Ich heilige was Ich belebe, bedenke –
und die Tat geschieht im All der Visionen

Des Erkennens Gabe ist Mein eigen
Ein Stern, ein Haus, ein jeder Mensch
Mein Schauens Ziel
im allerfüllenden Gewahren

Des Behauptens Kampf Bin Ich in jedem Herzen
Bin seiner Demut still verklingendes Gebet
im Meine-Seligkeit-Erlauschen

Der Horizonte schweigendes Erröten Bin Ich vor
dem Glanz der Tage
das Überfliessen sanfter Hügel - Strahlenlicht
mit dem Ich Meine Sterne zum Erlöschen bringe

Mein Wesen ist soviel von Harmonie und
heilendem Verströmen
Behutsamkeit und Langmut tragen Mich ins Ziel
und lassen Kelche der Holdseligkeit erblühn

Vollendet ist die Ruhe wo Ich *Meine* Ruh erfühle
Erhaben Mein Beginnen in der rettenden Gewähr
in der Ich jubelnd Mein Bedeuten überseh

Brudersinn

Ich geselle Herzenswärme zum Ergebnis
deinerTaten
setzte Flammen auf den Strom der langen Nächte
vor dich hin
zum Zeichen unversehrter Zuversicht im Streben

Was macht, dass Ich dir gut bin durch den Wandel
unbeherrschter Jahre?
Es ist Mein Brudersinn der dich belebt
in deines Willens Überwinden

Vertraue Mir wenn du Vertrauen fassest ins
Erheben

Bezahle mit Vollbringen was Ich von dir will
Vereint sind deine Kräfte mit den Meinen

Wohin du siehst triffst du auf Meines Wirkens Lage
Du rennst in Meine Schlünde immerzu
von Feignis oder Heldenmut getragen

Ich stürze dich vom Thron den du errungen
bedenkend dass dein Mut sich stählt
im Sturz und ohne Götterschaden

Dem Paradies Vertriebener stapfst du
wie Stahl vom Stahl zu neuen Höhen
Meinem Siegland zu

Triumph der Freude im Erringen
Beseelten Seins gesundete Blessur
im strahlenden Dich-durch-den-Äther-Tragen

Kosmisches Werden

Mein Seinserfahren flutet durch den Raum ins Unermessliche
Meinem Wesenhaften spür Ich sinnend nach
dem All zu eigen

Lichtwesen sind die Galaxien, Meinen Weiten eingeboren
Sternstaub den Ich Meinem Sinn verheiss
ins Sein gebettet Meines Überragens

Mein Geflitter ordnet sich in wohlgesetzte Bahnen
Meine Kräfte sind der Weisheit Wesen kosmischen Geblüts
den Sonnenkreisen zu gebieten

Alles fügt sich in gesittetes Entfalten
Die Evolution ist Wachsen eines Embryos in
Meinem Schoss, das Wunderbare zu gebären

Ich fühl Mich wie die Mutter im Erwarten
Entzückt ob der Gestirne leisem Stoss
dem Werdenden in Liebe zugetan

O Seligkeit
des Blühens im Gewahren
O Minne süssen Webens im Verlies
in das Ich Mein Unendliches gegossen

Es ist ein Bund von Sternen wenn Ich Meines
Werdens Fingerchen bewege
Alleinheit schimmert wo Ich kosmisch Mensch bin
im Erstehn
dem Bewusstsein reinen Schauens hingegeben

Spiel der Spiele

Kämpfender Gestalter Bin Ich, seinsgeboren
Urgewalt im Walten wo Ich Bin
Galaxien zu versprühn

Denkkraft, schützendes Umsorgen
Immanenter Logik
Richt und Ziel

Tiefsinn vor dem Offenbaren
Grundton zur erhobnen Melodie
Vielgestalt im einzigen Gewahren

Allgeschehn in eignen Taten
Funkenschlag der Sterne im Erglühn
Meines Wesens Herrlichkeit zu mehren

Ausgeufertes Empfinden
Freudensalven, Bitternis und Qual
im gewollten Inkarnieren

Myriadenes Planetenleben
eingetaucht ins Zeitäon
Meines Willens Unterfangen

Überschreiten eigner Grenzen
Allgespräch im Rang der Evolution
Ausgereiftheit zu erfinden

Spiel der Spiele seingeworden
angefacht und ausgeträumt zur Ruh
in Mein Ebenmass gezogen

Seinsblick diamanten
Kosmischen Erkennens Wahl
Nichts und alles im Gespür

Nacht und Blendung Bin Ich
Irrwitz, Klare,
Spiegelsinn, Bewusstheit

Harmonie im Wesensfrieden
Selig Lächeln, Trautheit

Hall gewordne Helle
Urton, Schwingung, wissende Brisanz
im unergründlichen Enteilen

Verheissung

Ich reiche dir den Becher reinen Tranks aus
Meinen Wunderquellen
Die Gabe der Verheissung leg Ich dir ins
Seelenangesicht
dein Sehnen mit Unendlichkeiten zu belohnen

Wie Tau vom Himmel fliesst Mein Segensspruch in
dein Befinden
Die Offenbarung weiser Schönheit tritt erhaben
vor dich hin
in deiner Sinnenwelt die Würde Meines Seins zu
klären

Gelassenheit und Frieden treten wie gemalt hervor
Verströmendes Gerechtsein streckt sich deiner
Mühsal hilfsbereit entgegen
und verwandelt was du bist in Reichtum reiner
Freude vor dem Tor

Ich halte deines Wesens Wohlgehalt in Meiner
Schwebe
Vertrautheit lächelt - wie des Himmels
Abendleuchten - deinem Sinn
und lässt ihn in die Fülle Meines Seins entgleiten

Was sind die Wogen deines Schicksals
vor dem Meer der Güte
mit dem Ich deine Kindlichkeit umweb
dich in der Schale der Glückseligkeit zu bergen

Wo find Ich dein Vertrauen dass du losgelöst
in Mein Gewalten dich ergibst
Schon seh Ich dich in der Umhüllung Meiner Gunst
den Klang der Sorgenlosigkeit erleben

Ich habe das Vermächtnis Meiner Vaterschaft
in dich gelegt Begreifst du
dass Ich dein Bewusstsein in dem Meinen trage
verbergend Mich in dem was du dir denkst zu
gelten

Der Adel Meiner Würde macht dich
wahrhaft gross
Wie konntest du vor irgendeiner Macht verzagen
derweil Mein Siegel deiner Taten Lauf befahl

Von nun an wirst du schweigend den Gesetzen
dienen
die Ich in deines Wesens Widerhall gelegt
von Meiner Ruh geflissentlich durchdrungen

Du wirst in jeder Not von Meiner Weisheit Gabe
zehren
wirst -was Ich von dir will- erkennend
vor dir selber tun im wachgewordnen
Selbsterleben

Beseeltheit ist dein Teil von Meinen Gnaden
Berufung an die Stelle Meiner göttlichen Gewähr
vom Siegeskranz der Heldenhaftigkeit umwunden

Siehst du den Glanz in Meinen Sphären
Es sind die deinen im Verstehn
zur Einheit allen Seins erhoben

Seinswelt

Schöpferlust und Schweigen
Lichtsprung aus der Seelenharmonie
Klarheit zu enthüllen

Raumgefühl im Seinserleben
Schweben in Mir selbst im Sphärenklingen
dem Erkennen zugetan

Heiterkeit allherrlichen Verweilens
Freie des Bewusstseins ätherleicht
ins Unendliche getragen

Wache Weisheit im Erblühen
Selbstgebieten strenger Wahl
Meinem Anspruch zu genügen

Filigranwerk werdender Gedanken
Aufwind wirkenden Verstehns
vor die Innensicht gezogen

Leichtigkeit im Bildgebären
Zuversichtlichkeit irn Neugeschehn
wie von Lautenklang geschlagen

Seinswelt silbernen Zerfliessens
Aus dem Füllhorn hochgelockterTon
den Geneigten zu entzücken

Wesensnähe im Empfinden
Seinsgehalt im wirkgewandten Wehn
in der Frische der Gedanken

Lichtspiel schwingenden Bewegens
Feingestimmtheit im bezaubernden Erstehn
auf den Friedensquell bezogen

Sinngewordne Ruh im Gleiten
Heimlichkeit der Seelenhistorie
im geschauten Offenbaren

Zeichenloser Winkel des Verschweigens
Bangnis um den leis bewegten Ton
in den Hörbereich gezogen

Spielerei ins Feld geführter Freuden
Wonnetrank vom Kelch glücksel gen Übergehns
ins Traumland neuer Wirklichkeiten

Wesensgleichheit

Ich Bin die Seele urgeformten Trauens
der Geist ereignisvoller Ruh
ins Übersinnliche gezogen

Die Heimlichkeit des Seins folgt Meinen Spuren
Des Wagemuts Entzücken bricht sich Bahn
im Tempel der Holdseligkeiten

Hell tönt der Jubelruf ins Schweigen
Die Ströme Lichts bewirken das Erglühn
im seelenvollenWohlgeraten

Ich sehe Mich zur Friedensfülle keimen
entschwinden zu des Wonnesingens Ton
dem Feingehalt der Köstlichkeit ergeben

Mir zeigt sich des Begitickens Kunst im Weilen
Die Räder gleiten ins Beschauliche
das Ich im Innesein bewohn

Gereifte Fülle tanzt Vergeben
Beglückung weitet sich zum Freudenmahl
im umfangenden Begaben

Ins Wesensgleiche strömt das Einen
Dem Klang der Sinnverwandtschaft lausch Ich nach
allwie dem Sterngeläut in weiten Fernen

Gottinnigkeit

Im Schweigen der Gedankenflut beginnt die Stimme der Vernunft zu reden
Ich habe jedem in der Welt sein Teil im Lebensplan gegeben
Unmerklich wachsen Baum und Weltengang zu Meiner Fülle in der Zeit heran

Bedenke deines Seins Erhabenheit im stillen Wachen
Entweihe nie die Reinheit der Gedankenkraft im Tagesringen
Im geflissentlichen Streben wirst du vor der eignen Würde schön

Verlass dich auf die Stimme der Gottinnigkeit in deinen Nöten
Die Hand der Weisheit führt dich unbeschadet durch das Kummertal
Sei wie die Palme deine Last in Glut und Dürre anspruchslos zu tragen

Die Zeitenwende bringt die Wende auch in deinem Schreiten
Verzage nie indem du Meinem Innewohnen dich vermählst
Die Gunst der Stunde ist in jedem Augenblick zu greifen

So warm das Herz, wenn es der Lebenstraulichkeit
sich hingegeben
Die gute Stube der Natur ist deinem Flanellieren
immer offen
Das Regentropfenlied verbrämt dein Glück
wenn du es tief empfunden

In der Erhabenheit gewahrt die Seele sich in
göttlichem Behagen
Im Zeichen der Versunkenheit erblühen
Köstlichkeiten wie Gestirne in der Nacht
Ich habe dir im Strom der Lebenszeiten
Unermessliches zu sagen

Der Sang klingt aus behüteten Begreifens
Die Ähre neigt sich vor dem Hauch der Abendruh
um einer neuen Sonne Goldstrich zu erwarten

Gefäss der Andacht

In dieser Stille Atem
mustert sich die Gläubigkeit in Mir
dem Sein ergeben

Ins Natürliche send Ich
der Hoffnung liebelichten Strahl
die Kräfte der Holdseligkeit zu lösen

Erbarmen schwingt sich vom Gefäss der Milde
zu den Rufenden in ihrer Qual
Befreiung hinzulenken

Die Köstlichkeit des Seins lass Ich in ihre Wunde
fliessen
und vergebe ihnen Meines Seligseins Gewähr
im Weltenringen

Den Bogen der Gedanken spann Ich
sie zur Einigkeit zu führen
in der Glorie Meines Flutens

Ihre Sendung setz Ich klar
vor ihr Entdecken
im Beschauen ihres Sinngefühls

und tauche ins Geheimen Meiner Meisterschaft
von keinem je gesehn
im heimlichenUmrunden

Christi Majestät

Ich Bin die Liebewirklichkeit im Mich-Verströmen
das Christuslicht im weihnachtlichen Saal
der Seelenkräfte Wirbel zu versöhnen

Das flehen der Gefangnen spricht Mich an
Die Not sovieler Lebensströme zeitigt Mein Verlangen
brüderliche Seelenhilfe zu gewähren

Die Völker spüren Meine Ankunft im Erstarken
Die Hoffnung weht durch ihrer Herzen fortgesetzte Qual
der Freude Freiraum zu gebieten

Den Stab der Milde hab Ich über sie erhoben
Dem Hirten gleich bewein Ich jeden der den Weg verfehlt
und suche seine Wiederkunft zu klären

Die Gerechten zieh Ich ins Erlangen
die Geläuterten ins Wunder des Verstehns
in Himmelstraulichkeit zu leben

Wo sich die Wege kreuzen Bin Ich da
Wo Zwänge lasten lass Ich Stärke in die Sehnen fliessen
die Gewalt der Widermächte zu besiegen

Kein Stein der Kainsburg wird den andern noch verschränken
kein Schatten über Meine Felder gehn
der Sonnenklarheit Meiner Seinsgestalt ergeben

Ich Bin dem Treuebund verschrieben
den Ich der Mensch-Epoche schwor
die Erdgebundenheit auf Mich zu laden

Siehst du die Innendinge sich vollziehn
Es gilt dem Wandel von Jahrtausenden Mein Stoss
die Völkerschaft mit Leben zu durchwogen

In Wahrheit ist die Seelenwelt von Meinem Sein durchdrungen
dem Lichte preisgegeben das Ich aus der Fülle schuf
Triumph der Selbstgeburt zu feiern

Berufen bist du Menschenfunken
in Klarheit Meine Macht zu sehn
und deinen Siegerwillen an dem Meinen zu entzünden

Die Liebe ist ein rubinrotes Strahlen
dem Ich der Sanftmut Glanz verlieh
die Würde der Gefolgschaft zu bezeugen

Advent

Die Geistessicherheit ergibt sich aus des Gottes Strahlen
Die Weltnacht vor der Heiligen ist übervoll des Hoffens auf die Niederkunft des Herrn
dem Gnadenlicht erkoren

Das Wissen, dass Er kommt ist Sang durch Türen unermessnen Jubels
Die Laute klingt die Bienen summen nach dem Honig
der Äther ist vom Duft der Lieblichkeit durchzogen

Die Seele taucht ins Hochgefühl
das aus der Hoffnung sich ergibt
den Hauch Elysiens zu finden

Erwartungsvolle Herzen harren in der Schwebe
Die Sinne lauschen in die Silbernacht hinein
dem Klingen des Geläuts entgegen

0, selig wirst du singen vor dem Krippaltar
die Augen nach dem Kinde drehn
und ganz in Freuden aufgelöst vor dir erscheinen

Soviel des Glücks ist kaum zu fassen vor dem Einen
der dem Weltlauf sich vergibt
die Seelenängste der Erlösung zuzuführen

Wir wandeln nach dem Stern der Sterne
begreifend seines Blinkens Näh
am Liebeshimmel aufgezogen

Christi Innewohnen

Du bist Christus für die Welt ins Kleid der Demut
eingeboren. Rein geworden durch die Qual
Licht und Liebe zu verstrahlen

Deine Sendung ist voranzugehen in des Himmels
Freudensaal
Mut und Helle auszusäen
ins Empfinden der Getreuen

Klein bist du ein Geistessame
wenn du leicht ins Erdreich fällst
Überwältigendes zu bewirken

Glanz der Seele in der Tugend Wahren
vor des Lichtseins Tor
hier im Erdenleben schon

Des Versöhnens Züge
trägst du in die Welthinein
Bruderliebe zu bestehn

Sprich in Sprachen Feuerzunge
brenne
wo der Schatten west
Heil und Hoffnung zu entzünden

Breit die Arme Kreuz der Kreuze
stirb und werde zum Symbol
Meines All-Umfangens

Allbewusstheit

Glorie des Himmels hör Ich klingen
Dem Wesen des Allhöchsten Bin Ich nah
und tauche ins Vereinen

Hab keine Sorge hör Ich Mich im Äther sagen
liebe des gespannten Bogens Ton
im Pfeilsprung von der Sehne

Sirren und Singen sind eins im Versenden
des Lichtstrahls derTat
aus dem Köcher des Schweigens

Ich kämme das Sein, dass es schön wird
durchstosse die Schale mit Jauchzen
und zeig was Ich innen und aussen gebar

Den Schmelz der Hoffnung lass Ich aus Mir fluten
Die Übermacht der Stärke fass Ich im
geschwungnen Stahl
MeinMetier im Glanze zu vollenden

Entzücken blas Ich auf die Wangen ros'ger Schöne
betau den Kelch im Blumenarsenal
das Auge der Begabten zu erquicken

Erhoben hab Ich Mich den Geist zu pflegen
In rascher Folge treib Ich Blüten vor Mir her
ins Alphabet der Sagenhaftigkeit geschrieben

Die Enden Meines Ausbruchs reichen sich die
Hand
Zum Kreis geschlossen ist was Ich eröffnet habe
Alle Dinge ruhn in sich dem Sein ergeben

Kraftvoll eigner Stärke Bin Ich
Fisch und Fischer selben Sinns
den Hungerzug zu speisen

Alle Wege sind MeinZiel
Alle Sehnsucht Mein Erfüllen
Fall und Hochflug Meiner Weise Siegen

Selbstgeworden weis Ich Lichter
sonder Wahrheit Meinem Sinn
wohlerwägenden Gemüts im Wachen

Vollbewusst im Tempel Meiner Gaben
spinn Ich Weisheit
in die Pracht der Universen

Seinserfahren

Im Königszelt

Im Königszelt erweise Ich dir Sternenweisheit hoch erhaben
Ich Bin des Segnens unermessliches Verschwenden
und schnell' der Lichtkraft Gleissen jubelnd ins Ätherium

Omnipräsenz geballter Energien
Gedankenflug der Freie allweit - Tänzerspiel
Meinen Willen zu entladen

Raumnacht grell vom Lichtgesang durchdrungen
Ausbruch vollerMajestät
im Glanz der Sonnen

Trank der Wonne
heil'ger Zärtlichkeiten Wehn
Entzücken hinzugeben

Seins-durchdringendes Beseelen
in die Zeit gegossen
Myriaden zu beleben

Liebefunken
Ihrer Vielzahl Einung
offenbar

Macht und Minne
Kamm und Kimme
Meiner Glorie zugetan

Silberschweigen

Wesenhafte Güte gleitet still von Raum zu Räumen
Ruf der Sendung senkt sich sinngeladen ins Gehör
Gottgedanken zu verbreiten

Meiner Wachheit Züge tragen sich ins
Menschensein
allumfangend innewohnend
Weisheit überströmenden Begreifens

Seinserfahren
Wonnesingen regerTrautheit imAzur
ins Beschaun getragen

Silberschweigen ausgegossen
in des Raums Unendlichkeit
im entrückten Lauschen

Friedefüllen warmen Glänzens
Labsal der Bewusstheit
taufrisch vor dem Sphärenrauschen

Samtnes Weilen
well-entbunden
gleichgestimmt

dem Urempfinden
lächelnden Beglücktseins
immerzu

Das Unnennbare

Wahrhaftig eingesenkt ins
All der Gedanken
Bin Ich das Seiende, um Gottes Thron

Essenz Empfindens
Willens Einsprung
Klingendes Geläut im Handumdrehn

Vorgeschobner Tatze Keimen
Einer hinter dem Gespiel
nicht zu benennen

Kongenial gefächert
eingezogen
sprachlos

Tragender Trug
unfasslich
Aberglanz

Erloschnes Knistern
Da war nichts gewesen
wenn du frägst

Unschulds trichter
Aufgebäumtes
Sich-Versagen

Herzumfangen

Ich trage deine Welt an Meines Herzens Wohl
Mein Liebeslicht versend Ich dir die Seele zu
erwärmen
Verzage nicht wenn Ängste dich umtosen

Die Redlichkeit des Seins gewährt dir Kraft in
deinen Schrecken
Dem Fluss der Zeit gemäss gewinnst du Freude dir
zurück
und ebnest deiner Wege Kühnheit im Beschreiten

Wo du auch wandelst trag Ich Lichter vor dir her
Gestaltung drängt sich aus dem Urgrund deiner
Züge
der Neuwelt Form ins Auferstehn zu giessen

Ich heisse dich der Willensmacht genügen
die sich in dir zum Brand erhebt
die Lauheit der Geschlechter zu verzehren

Gestatte dir kein Jota des Vermeidens
Dem Ruf der Innenstimme folge klar
den Sieg in dein Geborensein zu tragen

Wo dich der Schatten streift bin Ich das Licht dazu
gewesen
Wo dich die Drängnis nötigt ist Mein Prüfungswort
im Spiel
zur nächsten Hoheit dich zu heben

Es ist die Meine im Vereinen
Ich lass dich nie alleine stehn
im liebevollen Herzumfangen

Entbundenheit

Die Zauberhaft der Sterne lässt Mich das
Allherrliche erleben
Weihung Bin Ich an die Unermesslichkeit der
Sphären
Bin das flutende Agens in Meines eignen Wesens
Saal

Dem Kosmischen ist Meines Schauens Sinngehalt
verschrieben
Entbundenheit erkenn Ich über Galaxien hin
Mein Seins unfasslich glitzerndes Geschmeide

Allegorie der Fernen Mein Gedankenspiel
Ein Punkt in Meines Wissens Trieb
den Ich erfinden mag nach Meines Willens
Wuchten

Des Spekulierens Reiz entfaltet sich im Schauen
Sentenzen unerhörter Pracht durchziehn Mein
Sein
von geisterhafter Wirklichkeit durchschossen

Kein Raum - Gedankenkraft ist Mein Gestalten
Dem Bildgehalt verschworen sä' Ich Weltenkeime
vor Mich hin
Gestaltungskräfte zu entladen

Gesponnenes Gewirk aus Absicht und Verlangen
Erdachtes Schaustück vor Mein Eigensein
gebracht
imfeierlichen Meine-Werdelust-Verwöhnen

Vom Zaun gerissne Seinswelt irrealen Glutens
In Mich gesetzte Stimmung wonnevoller Klänge
in des Augenblicks bewusstem Sehn

Wesensgleichheit

Ich verstosse dich in MeineWirklichkeit
lös deiner Eigenheit Gebinde
Meinem Einssein zu gefallen

Wachheit will Ich dir gewähren
Sein in Meines Seins geschliffenem Pokal
Ungebrochnen Lichts geschwisterliches Gleissen

Aufschwung hierarchischen Gebietens
Meisterschaft in wortgefällter Tat

das Schöpfungswunder zu vollziehn

Formierter Bildekraft Vibrieren
Ins All gesetzter Urkeim wachsender Begier
die Götterschwingen auszubreiten

Schrei gesammelten Gelingens
Spielgrund vifen
Ineinandergehns ins Mosaik begeisterten Erratens

Gezielte Willkür ungefällten Drängens
In Geduld verpacktes Treibwerk
sagenhafter Wucht

In Mich selbst gesenkter Seinsblick
weihevollen Wartens
in der Seligkeit des Ruhns

Seinsentfalten

Ich belebe dich in deines Wesens Filigranwerk
seinsentbunden
begleite dich im Reich der Wirklichkeit durch
deinen Traum
bis du erwachst in Mein Bedeuten

Im Beschauen zeig Ich deinem Sinn den Weg der
Wege
erreiche dich im Seinsgrund des
Gedankenschweigens
das Licht in deinem Menschensein zu mehren

Bewusste Treue trägt dich durch die Zeiten
stellt das Gesetz des Schreitens vor dich hin
damit du dich bewegst im Seinsenifalten

Sprech Ich so sprech Ich aus dem Unbedingten
das Werden wirkend im Behältnis deiner Ruh
Mich selbst zur Freie zu erlösen

Ich heisse dich bei jedem Schritt willkommen
den du Mir zugehst ohne Zagen
voll Kraft Zenite zu erreichen

Beglückt erkennst du Meines Waltens Züge
erfährst was Ich dir zu erringen ausersehn
glanzvoller Herrlichkeiten Ziel

Bewegst du dich send Ich
Begreifen des Wunderbaren das Ich Bin
in deine inhaltsschweren Tiefen

Seinsbewusstheit

Ich Bin die Weise Mich zur Klarsicht hinzuführen
Bedeutung lass Ich in Mein Wesen strömen
im Feld geballter Energien

Eignen Wirkens Anstoss Bin Ich Mir geworden
Tragender im Weltgerüst
Beginner und Vollender weihevollerTaten

Seinsbewusst im wachen Hören
Transparenz erfahrend in der Tat
Werdekräfte zu entfalten

Urgewalt des Schweigens
Dammbruch vor der Drängnis
Freudensterne zu zerstieben

Lichtsaal sprühenden Ergleissens
Schimmerlose Nacht im Raum gesehn
Ebenmass bezeugend

Lied der Freie im Erklingen
Chöre rauschenden Gesangs
der Erhabenheit entsprungen

Lächelns Blüte im Erscheinen
Heiterkeit ins Schaun gelegt
Seelenwonne zu erwirken

Harmonie der Einigkeit

Du lebst im Reich gewalt'ger Illusionen
Die wahren Dinge sind in Meiner Gegenwart zu finden
Getrau dich auf den Lebensgrund zu stossen

Verweile bei der Wirkkraft der Gedanken
Lass deiner Liebe Atem durch die Felder gehn
die Kräfte des Entfaltens zu berufen

Sieh wie die Güte Menschenwerk umwindet
und zum Gedeihen führt wo es in ihr getan
zur Einigkeit erhoben

Ich lehre dich des leisen Tons zu achten
der singend durch die Seele schwingt
Mein Lied ins Leben zu verströmen

Bereite dir ein Fest aus Wachsein und beglücktem Schweigen
Ich führe dich in Meines Wirkens Saal
die Wahrheit deines Wesens zu bezeugen

Was du in dir erfährst ist Mein Erleben
in dem du träumend durch Äonen gehst
Befreiung aus dem Höhlensein zu finden

Ich Bin dein Licht
Willst du Mir durch die Finsternis auch folgen
Wo Ich erstrahle ist das Sein vollkommen schön

Geschwisterschaft

Gib dich dem Einssein mit den Lilien hin
Erwache in der Seinswelt der mit Sprache nicht
begabten Brüder
Erleb was es bedeutet Aliheit zu gewinnen

Ich sinne dem Geschwisterlichen nach in allen
Reichen
behütend es in Meiner Milde Wohllaut
Meiner Strenge formendem Gehaben

Allen Lebensdingen eingesenkt gewähr Ich Stärke
Jedes Weh empfindend wach Ich über Nächte hin
bis wieder Freudenlichter strahlen

Lädierte Schwingen heil Ich, Lebenswasser giess
Ich in den Trog
schaff den scheu Verborgenen ein Lager
nährend was sie sind von Meines Zufalls Willen

Dem Wesen des Geschaffenen gemäss erhalt Ich
und belebe
verwandle führend ihres Eigensinns Gebaren
evolutionenlang in Hoheit

Ihres Seins Gewissheit ist die Meine
Ihres Werdens Unerbittlichkeit Mein Los
dem Gedankenspiel verbunden

Ich breche aus - die Ruh zu finden
vollende jeden Klang zur Harmonie
in Meines Seligseins Bewahren

Evolution im Dialog

Evolution vollzieht sich in der Aura fortgesetzter Zwiegespräche
Mass zu finden messen sich die Kräfte dort und hier
in der Weisheit Meines Überschauens

Winzige sind im Erkennen ihrer Partnerschaften gross geworden
Dialogisch schafft sich des Elans Gewandtheit zur Erhabenheit empor
lächelnder Gesinnung Mir zu Ehren

Wo der Wortsinn sich zur Einigkeit ermählt
erheben sich die Taten
Wo Gedanken sich zur selben Spur vereinen
geschehen Wunder vor den Augen derer die sie in den Raum entsenden

Ich gebiete dem Geoffenbarten sich zu finden
Meiner Ungeschiedenheit gemäss
wahre Grösse zu erlangen

Im versuchenden Durchdringen gestalte Ich der Schöpfung Dom
Im Prozess des Werdens reichen Frag und Antwort
sich die Hand, der Gekonntheit Hügel auszubreiten

Du bist Meine Frage wo Ich dich umwebe
Meine Antwort bist du wo du wirkend dich erhebst
deiner Lichtgeburt entgegen

Heilgewordener bist du von *Meinen* Gnaden
Sieggewohnt in göttlicher Manier
in des Seins beglückter Melodie

Selbsterkennen

Im Wesen der Natürlichkeit Bin Ich des Freiseins
Zeuge selbstgeboren
Wohin Mein Willensspiel sich giesst gewinnt das
Dasein seine volle Schöne
In jeden Akt der Schöpfung web Ich perlende
Gediegenheiten

Wo Ich Mich selbst erkenne strahlt Begeisterung
aus dem Gefüge
Im Wesen Meiner selbst erweck Ich Wunderdinge
des Erwählens
ohne Mich zu hinterfragen

Lebendigkeit veräussert sich - momentgleich
Sinnenfälligkeit zu zeugen
und verweht sich
- wie Gewölk - im Wandel der Äonen

Ich Bin des Urgrunds Quell von eignen Gnaden
Bin der Bedeutung Fülle unversehrt im Jetzt
Ideenkraft ins Werden zu versprengen

Von Urzeit schon Mein eigenes Idol
erweis Ich Meinem Sehn die Referenz des
Pfauenschmucks
das Rad der Sagenhaftigkeit zu schlagen

Mir selber Bin Ich Spiel
von linden Wellen
lächelnd in der Weichheit des zur Liebessinfonie
gedehnten Tons

Offenbarung reinen Sinnens
in der Hochgestimmtheit Meiner
Seelengründe
vor dem wohlerwognen Weilen

Singende Schalmeien

Lichtgeburten

In gottgeweihter Stärke tret Ich vor den
immlischen Altar das Sein zu loben
Ein Rühmen ist's voll Kraft aus der Begeisterung
des Herzens
dem Ich der Weisheit Züge aus des Raums
Unendlichkeit verleihe

Das Menschenantlitz zu Mir selbst erhoben heb Ich
singend an
den Urlaut OM ins Unermessliche zu tragen
als Geistruf sich verbreitend ins erhabene Gehör

Im Mikro wie im Makrokosmos klingendes
Vereinen
Wohllaut an die Ufer der Allherrlichkeit
in seelenvoller Harmonie

Ich seh Mich in Mir selber Universenschaft
durchkreisen
in Bahnen jubelnden Gesangs
erfüllt von Meines Seiens Wohl

Ins Irgendwo erhebt sich Meine Sage
vernehmbar *wo* Ich Bin
dem Allgedanken eingegossen

Vermyriadenfacht schwillt sie zu grandiosem
Tönen
Modulierter Urklang Meines Schwingens
in den Wesensraum gelegt

Mein Verhalten prägt die Freude
in den Sinnkreis allen Seins
Lichtgeburten zu begründen

Wissender von eignen Gnaden
giess Ich Auferstehen ins Geschehn
der Vollendung Züge zu gewahren

Wallenden Bewusstseins Klare
legt allüberall das Seien bloss
Meiner Hoheit zu genügen

In Gelassenheit und Frieden
schau Ich Meine Wesensruh
ohne Mich zu hinterfragen

Abglanz Meiner Würde
trag Ich jede Regung
ausgebrochenen Empfindens

an Mein Herzens Wachsein
in der Kunst der Heiterkeit
irn Strahlenlicht gesehn

Singende Schalmeien

Ave, ave dem Gerechten dem die Stimme der Verheissung Glück verlieh
Hochgebornes Sagen streift sein hingegebnes Ohr
und gewährt der Seele Seligkeit im Schweigen

Herrenbraut im Blütenkleid der Sonne nenn Ich ihres Seins schön gefächertes Befinden
Sommervögelchen der Tugend ihre Anmut im erstrahlenden Azur

Weihevolle Weisheit ziert ihr schwingendes Gewebe
Freudenreichtum seh Ich ihrem Wesen ätherlicht entschweben
im Gesang der Leichte wie von Engelchören

Wohlklang singender Schalmein erfüllt den Fühlraum ihres Weilens
Abgeschiedenheit im Heiligtum der heilen Geister lässt sie jubeln
wie das Kind im glitzernd hingeflockten Schnee

Es ist das Zeichen Meiner Gunst das sie und ihre Schwestern auf dem Scheitel tragen
eingesenkte Liebenswürdigkeit die Ich der Würde ihres Seins verlieh
Mich ihrem Streben gnädig zu erweisen

Vom Baum der Hoffnungen genährt bereit
Ich ihnen
was ihr Wesen ins Entzücken kleidet
und verschränk Mich liebvoll in ihr reingefühltes Wohl

Ave, ave gleitet wo Ich Bin von hinnen
Überzeugtheit von der Götterpracht
befeuert Meinen Sinn
und lässt die Seele sich in Gläubigkeit vollenden

Warmen Tons Begeisterung erfüllt Mich *wo* Ich wese
Siegeslächelns Anmut ziert die Wange obenhin
in Gewährnis himmlischen Genesens

Traut gewordnes Meine-Einigkeit-Gewahren
von der Heimlichkeit des Seiens Mich umschlossen sehn
ohne nach Befreiung aus der süssen Haft zu fragen

Loblied auf die Leichtigkeit im Reich des Schwebens
Minnesang an was Mir Unbekümmertheit verlieh
im wohlerwogenen Dem-Weltenruhm-Entsagen

Triumph der Friedensmächte die sich Mir ergeben
Hingesunkenheit der Seele an die Quelle des Verstehns
wo Fabiolas Künste die Gesegnete erlaben

Trank der Wonne im Geniessen
Heiterkeit des Seins im strömenden Gewinn
den die Beglückten in der Liebesnacht der Gottgefälligkeit ertragen

Unerschrockenheit

Seinsumhüllen seh Ich in Mir tagen
Herrschaft über der Gewalten Schoss
Mir selbst gegeben ohne Abstrich

Reichtum Meiner Fülle hält die Bahnen
in emporgeschossnen Höhn
Weiten öffnen sich dem Sein zu eigen
gangbar wonnevollem Schreiten

Meiner Zuversicht Gelingen
hisst die Lebensfahne himmelan
Seinsbedeutung zu erlangen

Volle Schönheit flutet nieder
in den Mikrokosmos MeinerWahl
Schöpferkräfte zu entladen
Wache Wirkkraft seinsgeboren
Unerschrockenheit im Fakten sehn
prägen Meines Soseins Züge

Wohigemutheit im Erlangen
unbescholtne Freie all gesehn
lassen Kühnheit dominieren

Wirbelwind im Jauchzen
Ausgeflipptheit im Gedankengehn
Spektren zu erzeugen

Spielen will Ich jetzt im Keimen
Mich entfalten aus Ideen
Meiner Eigenheit entsprungen

Gleichmut lächelnd vorgetragen
Sammlung in Mir selbst
im Geheimnis höchsten Friedens

Erd- und Himmelskraft verbunden
eins in Mir dem Auge offenbar
zur Dynamik auszuholen

Reiner Weisheit Seinsgebaren
Status unverstellter Wirklichkeit
aus der Innensicht gezogen

Wunder der Beglückung
Schwingen delikater Heiterkeit
in des Wesens freudevollem Strahlen

Adlerkreise

Seiender Bewusstheit Überragen
Was Ich in dir wecke rüttelt Mich
Erfolg zu feiern

Ich senke Sagenhaftigkeit in dein Befinden
bis die Seinswelt aufbricht über deinem Tun
der Grösse neuen Raum hinzuzufügen

Weiterzug zu neuen Sternen
Pionierlust ohnegleichen
Mein Umfangen gross zu sehn

Bodenständigkeit der Taten
Schweifen um den Aufriss
Adlerkreise zu vollziehn

Fühlsprung närrischer Gewalten
Meiner Einung allerhobner Ton
Seinsbegeisterung zu schaffen

Siegeslauf im Übersputen
Äonenschwall im Weiter-Gehn
Meinem Herrscherwort ergeben

Sinn für's Sanfte lass Ich gelten
Milderndes Gebärdenspiel
Ausgewogenheit zu leisten

Harmonie des Waltens
Angemessenheit im Tun
was Ich unternehme

Hochburg wissenden Gewährens
himmelweitesLichtverwehn
Wärmewallen zu erregen
Friedenskraft in Mich gesunken
Seiende Gewissheit selbstgesehn
in der Wachheit Gleissen

Freudigen Erwartens Klare
Sinnkreis sprossenden Erstehns
um den Seinsgehalt geschlungen

Taufe Meiner selbst im Werden
Hingerissenheit im Übergehn
Seinslust zu erfahren

Spielerisches Fügen

Das Sein erfüllt sich im Erleben des ICH BIN
In Mir selbst geworden braucht Mich niemand zu belehren
Unberührt vom eignen Wogen wes' Ich in Unendlichkeiten

In des Beschauens meisterlichem Ziel Mich zu erkennen
Bin Ich ohne Frage
Die Wucht des Seins erklärt sich selbst seit Urbeginnen

Ich Bin die Heilkraft des Erkennens in die Welt zu strömen
In Mir ist die Gedanken Vielzahl *einem* untertan
Was *Ich* zu tun behebe ist in Herrlichkeit getan

Ungeteilt Bin Ich in allen Dingen
Im Erkennen Meiner selbst erlös Ich Mich in ihnen
Dem Sein erschlossen fliesst der Seelenatem frei dahin

Sein ist Seligseinim Einen
Heilswelt innewohnend ohne sie zu sein
weihevolles Selbstgewahren

Wirkkraft der gezeugten Wesen
Klarheit in Mir selbst
Idee der Leichtigkeiten

Gesammeltes Genügen
Hochgestimmtheit in des Sinnens Ton
Der Töne spielerisches Fügen

Grenzzug ohne Grenzen
Raumlos Zeit nicht kennend
Eignem Antlitz fremd Brudersinn gebärend

Unerreichbar im Entschwinden
Immerwährend innig nah
auf die Wesenheit bezogen

Feingefühl im All Erleben
Wesensflut Mir selbst entströmt
ohne Mich dem Sinn zu zeigen

Gleichnis wo Ich Mich entbinde
Aberstille wo Ich Schweigen sä'
kein Gedanke noch geboren

Augenlose Wachheit
Ebenmass im Sosein wie *Ich Bin*
ew'ge Heiterkeit bewahrend

Warmer Goldstrahl

Ich Bin der Engel deinerLiebestaten
dein erkennendes Gewissen
Reinheit in dir zu bewahren

Mich selber bist du im Vollenden
dein Name ist der Meine siegesfroh
im Belohnen vollen Überwindens

In Meinem Anschaun wirst du nie verzagen
Ob Meiner Güte trägst du leck'rer Früchte Lohn
gedenkst Mich immerdar zu preisen

Herzens Einfalt Bin Ich
dein Erkennens Wohlgestalt
im kräftevollen Dir-Gehören

Wesen deines Wesens im Erlangen
Glut von deiner Glut im Sehnsuchtsflehn
Seinsgeborgenheit zu zeugen

Ich Bin der Seele Liebschaft im Vereinen
ihres Sinns Geneigtheit
vor sich das Entzückende zu sehn

Deine Zuflucht Bin Ich tief verborgen
Schale deiner Tränen wo du bittend weinst
warmer Goldstrahlim Erlösen

Wende dich Mir zu in Lebensnöten
Leg deine Hand in Meine im Verstehn
ganz Meiner Sanfte hingegeben

Trau Meinem Trauen im Erheben
Bewahre was du von Mir weisst im Weitergehn
wie von Flügeln durch das Sein getragen
Atme Unschuld im Gemeinen
Lass dich nicht beflecken vom Vergehn
Wie die Laute sollst du klingen

Schön bist du dem Glanz verwoben
den Ich in dein Wesen leg
in besonnenem Erwählen

Weihung deiner selbst will Ich erwirken
Frieden der Vollendung
um beseligendenWohlgeraten

Reiche des Entzückens

Friedenszweige leg Ich vor dir nieder
heiss dich in der Gläubigkeit bestehn
mit wonnevollem Herzen

Von Meiner Unschuld lass dich in die Heimat
führen
Gestalte deines Tages Lauf nach Meinem Wehn
dem Lied der Freude hingegeben

In deine Seele geht der Sang der Leichte
von dem Ich kundig Bin im Raumgefühl
die Heimgekehrten zu entwöhnen

Vom Fluidum der Sagenhaftigkeit umgeben
gewahrst du Mich im sanften Übergehn
in die Reiche des Entzückens

Behütend führ Ich dich zum Wert
der an die Welt vergeb'nen Güte
aus des Herzens übervollem Gral

Wahren Schauens sollst du
kennen welche Wunder dich bewegen
weit über jeden Menschenauges Ziel

Die Gabe der Geneigtheit lass Ich fliessen
dich im Gewand der Redlichkeit zu sehn
erwacht von deinen Träumen

Du findest Meine Spur im Vorwärtsschreiten
erfindest was dir frommt
von Seinsgelassenheit getragen

Gewahrst du Mich gewähr Ich alles
was du je erhofft im Herzensflehn
dein sehnendes Gebet zu stillen

Bekannt sind Mir die Gründe
die dich im Wesenskern bewegen
zu Handeln ohne dass du von dir weißt

Ich führe dich in Mein Erheben
dein Sein gestaltend vom Elan
den du in deine Weiterkunft gegossen

Vollendung Bin Ich deiner Züge
die Fülle dessen was in dir ersteht
an Engelsgleichheit seinsgetragen

Allempfinden

Sternenbruderschaft

In Nacht und Frieden weih Ich dich dem
Unergründlichen
Deiner Seele weis Ich Zeiten des Erlabens zu
frei von Erdentrott und Zagen

Im Schweigen tauf Ich dich mit Sinn von Meinem
Sinnen
beleg dich mit Bewusstheit
Meine Fabelhaftigkeit zu schaun

Zeichen Meiner selbst setz Ich in dein Erhören
bald sind es Rhythmen
bald der Fluss der Sphärenharmonie

Du achtest auf das Unsagbare
das Ich deiner Herzenskraft verleih
im beseligten Erwarten

Wie mit Engelsflügeln halt Ich dich umfangen
heilend dich vom allerletzten Weh
mit dem Hauch besänftigender Gnaden

Liebreich neig Ich Mich hernieder
rühr' behütend deinen Scheitel an
in dir Unermessnes zu beleben

Wachsein ohne Grenzen
überdehntes Raumgefühl
mit Erhabenheit geladen

Du erfährst was *Ich* erfahre
Ungeschieden Bin Ich deines Fühlens Inhalt
deines Denkens Sinnkreis

Seinsverwandlung Bin Ich deinem Fragen
funkelnde Kristalle deinem Sehn
von strahlenbrechendem Bedeuten

Bin weisen Lächelns Tauen
wohlerwognes Deinen- Wert Besehn
im königlichen Schweben

Losgelöstheit heiteres Genügen Bin Ich
wesenhaft im Seinsgedeihen
in die Sternenbruderschaft gezogen

Strom von Güte im Umfangen
Allbewusste Liebe deinem Flehn
im elysischen Vereinen

Christusstrahlen

Ich Bin das Liebelicht der Welt im Christusstrahlen
Seinsverbindendes Gerechtsein Bin Ich über alle
Grenzen
auf der Spur des Heilsverktinders erdenweit
gesehn

Vollbewusst gleit Ich in Sein Erwählen
des Leidens in der Liebestat
das Menschensein mit Geistkraft zu durchfluten

Fühler Seiner Schmerzen Bin Ich
in den Menschengrüften durch die Zeit
Auferstehen zu vollbringen

Myriadenfachen Wandel Seiner Züge
seh Ich in den Fleischgebonen
reine Liebe klaglos seiend

Unerkannt geht Er in dir dahin
nur *Ich* weiss was Er leidet
an der Einsichtslosigkeit der Menschen

Anderen wird Er zum Funken strahlenden Erstehns
Sein Wesen fühlend lassen sie die Selbstsucht fahren
und verschenken sich wie Er

Im Erfüllen Seiner Taten
führen Auserwählte das Erlösungswerk voran
Lebenswürdigkeit zu zeugen

In Seiner Kraft
ersiegen sie das Recht im Strom der Zeiten
Mein Gesetz erfüllend

Im bewussten Auferstehen
triumphiert Er über die Versuche
Meinen Evolutionenstrom zu hemmen

Sein Bin Ich in absoluter Stärke
Unbedingtheit im Bestehn
Feindlos wo sich *Meine* Stürme zeigen

Ruhe setzend im Geheimen
weiss Ich Mich in wesenhafter Ruh
grund-los Meiner Gründe Hoheit überragend

Unbeirrbar im Erfüllen Meiner selbst
Bin Ich das Seiende
in *deine* Wirklichkeit getragen

Allempfinden

Alabasternes Gefäss der Andacht in der Schwebe
Sinngebet am aufgerichteten Altar
die Geisterkenntnis zu beleben

Lieb in deine Not gestiegen trag Ich dich darüberhin
Meine Weisung giess Ich dir ins Herz
den Sinn zu trösten

Wie kannst du zagen wo Ich deines Wandels Weggefährte Bin
Siehst du den Engel des Behütens dich umschweben
zum Tagewerk mit dirvereint

Ich leg dir hohen Anspruch ins Gemüt dein Heil zu wirken
Erlösend schreit Ich mit dir durch die Wiederkunft der Tage
Ufern der Verheissung zu

Dein Sein behütend hut' Ich Mein's imAllempfinden
Beglückten Lächelns seh Ich dich zu *Meiner* Weise auferstehn
derweil Ich deines Dankgefühls Gebet erlebe

In deinem Trachten bist du Meines Wirkens Ziel
Dein Sinnen trag Ich ins Unendliche
empfangend was Ich selber Mir vergab

Allgegenwart des Schweigens
Beseelte Heiterkeit im Strom der Harmonie
mit der Ich ruhvoll Mich begabe

Im Wesenhaften wes' Ich sonder Güte
Erkläre Mich in allem was sich selbst erklärt
im Angesicht des Wahren

Unvermischt begegn' Ich Meiner Stärke
dem Sein erkoren weiss Ich Mich darin
im Wunderbaren

Meister des Gelingens Bin Ich
Zauberer im hierarchischen System
dem Weltsein eingeprägt aus eigenem Begaben

Was Ich Mir Bin ergiesst sich
in die Geistes-Gegenwart
im wirkenden Erkennen

Das Sein Bin Ich
im Schauen Meiner selbst
ins Seligsein erhoben

Sonnenherold

Des Daseins Schätze blitzen auf in Meinem Mich
Ergluten
Was Ich Mir Bin erscheint im Element als
Menscheneinheit
kraftvoll in die Wirklichkeit geprägt

Tief in Erstarrens Tod erweck Ich Meinen
Aufschwung
zu des Gottseins überirdischer Gewähr
der Menschenhemmnis Mich mit Vehemenz
entkleidend

So durcheil' Ich Meines Seiens Machtraum
Siegesstrahlend wo Ich Mich vergeb
Begeistrung auszulösen

Retter Bin Ich der gekränkten Ehre
Erstgeborener der Grosstat
eine Menschenwelt ins Selbstbewusstsein zu erlösen

Sonnenherold sonder Stärke Bin Ich
Seinsbewahrer in der Mitte des Geschehns
im Brudersinn vorausgegangen

Anruf Bin Ich an dein Selbstbefinden
Gründer deiner Glorie im Übergehn
in die Reiche Meines Dauerns

Seinsgefährte Bin Ich deinem Seien
eins mit dir im ausgefächerten Berühren
ohne Mich im Wesen zu vertun

Fallstrom ausgesandter Güte
Schwingung um den Herzenspol
Seligkeiten zu begründen

Allbereites Lächeln im Erwidern
Lockruf an das Selbstvertrauen im Verstehn
Meiner wundervollen Milde

Doppelmünze praller Prägung
weis Ich *beide* Seiten deinem Sinn
der Vollendung wegen

Eins in allem hoch und niedrig
zart und streng im selben Zug
Bin Ich in Mein Sein geschlossen

Unerschöpfliches Genügen
wallt durch Mein Befinden
wesenslichten Freuden zu

Gotteskindschaft

An Meines Schauens Stelle wohnt die Liebe
des Gesegneten
Christus weiht dem Welten lauf den Körpertod
vor den Menschen Seines Seins Gewissheit zu
enthüllen

Der Vielgeliebte strahlt sich wie die Sonne in die
Seelenweiten
verströmend was Er ist in liebevollem Tun
wahre Menschenwürde zu erwecken

Fortdauernd wirkt die Grösse Seiner Tat im
Weltenweben
In die Materie ist Seines Wesens Kraft geflossen
sie vom Erstarren in sich selbst zu lösen

Ich wirke Seine Wiederkunft im Schoss der
Sphären
und bereite jedem Menschenstreben Seines
Anblicks Wohl
im überirdischen Beschauen

Sein Liebesstrahl fliesst in dein Herz in traulichem
Verbinden
gewährt dir unbedingten Schutz
und führt dich zum Erfahren deiner Hoheit im
Bewähren

In Seinem Dich –vom-Tod-Erwecken hebt Er dein Besinnen
zum Erkennen deiner Gotteskindschaft an
die Seelensehnsucht träumt seit Urbeginnen

Der Strahlenblick verrät was in dein Herz gezogen
wenn du in Meisterwürde vor Mir stehst
im Sein der Selbstgewissheit

In Meiner Grösse wirst du *deine* dir bewahren
Mich selbst will Ich in dir sein
offenbar im Kranz der Einheit
Aus deinem Munde lass Ich Jubel klingen
dem Halleluja vergibt sich was mit dir geschah
befreit von allem Dich-Ertöten

Triumph der Freude im Erstehen wenn die Osterglocken blühn
Weihe an die Menschheit *wo* sie sich zu Mir erhebt
Meinen Sieglauf zu vollenden

Nur das Eine lass Ich gelten
Mein ist was im Universenraum geschieht
in Bewusstheit eingezogen

Sein in Wonne ist Mein Seien
Wo du Mich erkennst erkenne Ich Mich Selbst
dem absoluten Freudgefühl ergeben

Gedankenschärfe

Ich erkläre was du suchst in Schlichtheit dich zu laben
Mein Sosein ist an keine Gegenwart gebunden
Sinnenlos Bin Ich – dein Sinnensein zu nähren

Nach allem trachte dich zu richten
was *Ich* in deinen Gauen Bin
im Reiz der lichtgebornen Tage

Ich lenke Mich in dir zu neuen Pfaden
erhebe Mich wie sich ein Gott erhebt
dem Schlaf im Unbewussten zu entrinnen

Gedankenschärfe Bin Ich im Bewähren
vom Bild zum Worterschallen stürmend
willentlich Materie zu züchten

In ihr verwirklicht sich Mein Fühlen
In sinngewordner Zartheit Bin Ich Seele
wo die schönen Künste die Vernunft mit
Zärtlichkeit besingen

Weisen Wirkens wähl Ich Ausgewogenheiten
handelnd aus Mir selbst
Mein Sein mit Eleganz zu zieren

Tatenträchtig Bin Ich doch Beruhn
Equilibrium als wäre nichts geschehn
im äonenlangen Streben

Fern dem Bann der Nichtigkeiten
wes Ich auf der Weisheit Thron
Himmelsstürmer zu empfangen

Allbereit Bin Ich zu helfen
wo der Wille sich zur Güte regt
ohne nach Vergangenheit zu fragen

Lohn des Aufbruchs weiss Ich hinzugeben
dem ins Allreich Schreitenden wie nie zuvor
Freudenklänge anzuschlagen

Wesensgleiche Bin Ich in den Meinen
eingesenkt ins sichere Gespür
Weltenglorie zu enthüllen

Universenmitte Bin Ich
im Erfüllen dessen was Ich in dir Bin
Seinserwachen zu erlangen

Adlerfreie

In dir, Gesegneter, seh Ich des Auferstehns
Triumph vor aller Augen
Unsterblichkeit blitztauf im Werdekreis des Lebens
Meines Siegs Gewissheit in die Welt zu tragen

Was *Ich* bilde birgt den Keim des Überwindens
Meine Lauterkeit erhebt sich wo Ich Mich entschliess
dem Geschick Mein Siegel einzuprägen

Überwältigende Hoheit weiss Ich zu verstrahlen
in die Räume Meines Seins
im Entfalten der Lebendigkeiten

Sternenglanz des Himmels Bin Ich Mir zu Ehren
in die Menschheit eingegossner Ton
dem Unendlichkeit entklingt im wissenden Gewahren

Äonenlang halt Ich den Zauberstab erhoben
der in Gedankenschnelle zeugt
was Ich mit Bildekraft verseh

Mir zu Gefallen beug Ich Mich zur Schaffung Meiner selbst
Im Strebenden erkennt sich Meine Grösse

im Liebenden vollendet sich Mein Werk zur Anmut
hingetragen

Ich Bin der Bogen des Versöhnens
der sich ins Weltgebaren legt
die Erdenwildheit zu befrieden

Im Glanz des Sohnes seh Ich *Mich* erglänzen
im Überwinden weiss Ich *Meine* Tat
dem Einssein derAllherrlichkeit entflossen

Mir selbst entsandt in Seinem Wesen
steh *Ich* voll Liebe wo Er im Erleben steht
des Seins Gediegenheit zu unterweisen

Euch Bin Ich
wie Ich *Mich* Bin unbescholten
Von Makellosigkeit geführt sollt ihr
Mein Kredo in den Weltenwind verkünden

Ich trage das Erwachen in die Seelen
die von der Unbewusstheit Gruft erstehn
ins Licht der seinserfüllten Zeiten

Im Seien wes' Ich in euch allen
Begeisterung verströmend *wo* Ich Bin
Mir Adlerfreie zu erschwingen

Geriesel der Äonen

Lichtspreu

Aus Meiner Heimlichkeit tret Ich hervor in dein Gewahren
lass die Potenz der guten Gabenin dir walten
Überschauen wirke Ich in deines Werdens Ziel

Mein Erheben hebt die Menschenwürde himmelan
Ins Bild der Treue lass Ich dein Erwachen fliessen
Des Erinnems Saat blüht auf in deinem Schoss

Ich spreche Makellosigkeit in dein Befinden
Erhalte was du bist in Reinheit
deine Tage mit Erfüllung zu vergolden

Dein Eigen Bin Ich in der Seinskraft deines Wesens
Mein eigner Spross am Baum der allerfüllenden Natur
der Weltenblütenpracht erlesen

Vollkommen schön Bin Ich im Seinsenthüllen
Meiner eignen Lauterkeit Brevier
vom Rosenklang der Heiterkeit umflossen

Ich Bin das Leben fraglos in Mir selbst
Behüter aller Rechte
Schnee der Weisheit

Überbordendes Agieren
Wirken aus der Mitte
Werdelust im Mich Verführen

Allerfüllend ist Mein Strahlen
universenschaffendes Bewusstsein heimlos
in die Wucht der Wirklichkeit getragen

Heilempfinden Sonnenreichtum Lichtspreu
Schaffung Meiner selbst
aus unerschöpflichem Gewinnen

Sein im Schweigen
Sternblick wunderbaren Schauens
in die Aberräume des Gestaltens Meiner selbst

Wesenhafte Wachheit Mir zu Ehren
Immanenter Freude Lichtzug
in den Heimfall

Selig Bin Ich
allen Festen zugeladen
Meiner Universen-Majestät

Ätherfahrt

Lied des vogelfreien Aufschwungs
Partitur des Gleichmuts *ob* dem Weltenquirl
aus der Seelenlächelzeit geflossen

Morgenwind in hochgeschwellten Segeln
Ätherfahrt voll wissender Begier
neuen Seinsgrund zu gewinnen

Unberührt Bin Ich von dem was Ich gewahre
in der Verästelung des Werdens
aus dem Urquell des Beruhns

Töneblitzen des Triumphs
Aus dem gesandten Wort erstandene Gewähr
von Wiederkunft zu Wiederkunft gezogen

Ankunft in Mir selbst Allmitte findend
Seinspräsenz voll Verve
der waltenden Erhabenheit gemäss

Zur Nuance ziseliertes Dehnen
Meiner Hochgespanntheit im Azur
Faszinationen zu entfalten

All-Gediegenheit gefunden
hat Mein Denksprung
im beseligten Gefühl

Weisen Schaltens Züge trägt was Ich Mir selbst
erschaffe
Brücke Bin Ich jedem Gran
Meines Mich-Ergiessens

Einer Bin Ich dem die Zeiten sich vollenden
Raumlos allerRäume Schoss
Erfüllen in Mir tragend

Unversehrten Lichts Behüten
Bin Ich
Wesen absoluter Weisheit

Hiersein allweit auf der Schöpfungsspur
Glitzernder Gewandtheit Zeuge
Schauen im Empfinden des Geschehns

Unergründlichkeit im Allbefragen
Strömenden Bewusstseins Lächeln
in der Seligkeiten Ruhn

Geriesel der Äonen

Was ist Vernunft wenn nicht das reine In-
Gedankensphären-Schweben
In der vollendeten Gelöstheit liegt die Würze
jeglichen Erlebens
Komm doch hinüber in die Wirklichkeit des Seins
im Grenzenlose

Von dieser Warte aus erkennst du alles in dir
selbst
Dich findend trägst du Meine Wesenszüge
find' Ich Mein Ich in deiner Seinsgestalt

Mein Befinden ist so gross und klein wie *Ich* Mich
transponiere
MeineWirklichkeit erscheint wo *Ich* Mich wirken
seh
in wallender Bewusstheit

Jubel ist ins Unbegrenzte Mich zu dehnen
Absolute Macht Mich - wenn Ich will - in *einen*
Punkt zu ziehn
in des Gedankenspiels Brillieren

In dir begreif Ich was Ich meine
erhebend Meine Willkraft
Mein Bestehn zur Überfülle zu gestalten

Unaufhaltsam schiesst Mein Pfeil ins Mehren
Unaufhörlich schöpf Ich Unerschöpflichkeit heran
vergleissend Mich in myriadenfachem Strahlen

Ich schliess die Dinge allweit an Mein Herz in
zärtlichem Vermählen

Behüter Meiner selbst
in allem was Ich tu'

Mein Unerwachtsein schütz Ich wie die Glucke
ihres Schosses Gaben
Mein Irrsein leit Ich in des Hafens Bund
kein Jota Mir zu krümmen

Mich selber tragend trag Ich Millionen ins Genesen
Im Geringsten rüstet sich Mein Innesein
ungebrochne Vehemenz zur Wirklichkeit zu führen

So schaffe Ich Erfüllen
im Geriesel der Äonen
Geduld'gen Wachsens eingebettetes Gespür
in jedem Elementehen Meines Garens

Allüberragendem Triumph eil' Ich entgegen
im Aufbruch zur Errungenschaft des Seins
den Ich im Menschentum bedingungslos erlebe

Zur freudevollen Wende führ Ich alles
was Ich in Seinsbewusstheit Bin
im umfassenden Versöhnen

Seinsgebärde

Mysterium der Liebe in Mein Sein geformt Mich sel
ber zu ertragen
Einheit wäre nicht zu denken ohne sie
Ihr Wesen ist tiefinniges Vergeben

Malträtiert vom Abgesondertsein der Menschen
aus ihrem Kreis getrieben von der Keckheit
selbstgewählten Wahns
weilt sie mit ihren Gaben in der Näh

Ihre Stunde schlägt wenn sich die Zürnenden
befriedet haben
Barmherzigkeit sät sie dass neue Frucht ersteht
der Einigkeit zu dienen

In Meinem Wesen west die reine Liebe
guten Willen sammelnd wo sie geht
Versöhnung in das Weitgeschehn zutragen

Sie allein ist Kunst der Stärke
durch die Zweiheit mehr zu sein im Uberstehn
auf den Lebenskampf bezogen

Lohn der Sanftmut lass Ich wallen
durch die lichten Sphären
Herzensfreude zu gebären

Mass und Würde seh Ich keimen
aus der Liebe goldner Saat
Überlegenheit zu üben

Weltumfangende Gebärde Meines Gutseins
lässt die Einheit
durch die Länder fliessen

Glanz der Sterne Feuerkraft der Sonnen
Harmonie des Alls
sind *Meiner* Liebe Zeichen

Lobgesang im Bund der Kehlen
Engelchöre betend an
strömen Liebe ins Vereinen

Eins ist alles
wo Ich walte
Sieg der Grossmut

Lichte Schöne im Geheimen
Seinsgebärde überirdischen Beruhns
in der Seele reinem Frieden

Schweigelächeln

Hofgemeinschaft mit den Göttern hab Ich dir
gegeben
Eins mit ihnen Bin Ich eins mit dir
im Strudel der Unendlichkeiten

Mir selber einig lass Ich
Kräfte spielen die Mich in dir zu sagenhaften
Wirklichkeiten führ'n
im Bewusstseinsstand der Kontinuität

Alldurchschauendes Gewahren
lass Ich sprühen
in Meines Ursinns wachsender Begier
Mein Eigensein zu hinterfragen

Die Regeln der Vernunft verspottend
Bin Ich vernünftiger denn sie
im grandiosen Kombinieren

Mich auf Mich selbst verlassend
weiss Ich Sternensprache in die Zeit zu treiben
Wirbel über Wirbel wohlgeordneten Zerstiebens

Meiner Sehnsucht Drängen mach Ich wahr
was sich erdenken lässt verschwenderisch von
Sonn- zu Sonnball zu verschleudern

Immer ist Mein Weltbild allbezogen
eine Sinfonie des Umraums brausend vor sich hin
in unbedingter Meisterschaft aus Mir geraten

Im Konzentrieren Bin Ich Meister des Bescheidens
Mein eignes Kleinod in der Miniatur
des Menschenkinds Zerbrechlichkeit geworden

Da heg Ich Mich in mütterlichen Armen
unterweisend Meine Dürftigkeit voll Liebe
an die Sorglichkeit geschmiegt

So *Bin Ich* unbewusst
im Spiegel der Vereinzelung
allüberall dem Sein entsandt

Der Selbstverständlichkeit verpflichtet wes' Ich
wach im Schweigelächeln
in den Sphären der Beglücktheit

Lösung Meines Rätsels
in Mir selbst
in der Helle des Begreifens

Granulate des Entzückens

Mein Seins Bewusstheit überschwebt sich selbst in
Unermesslichkeiten
Raumlosen Denkens Zucht löst das Empfinden
reiner Seligkeit
in der Allseele leis bewegtem Wogen

Ins Ewige der Gegenwart seh Ich Mich
Weisheit weben
Beglückten Atems schaff Ich Mir
des All Sinns majestätisches Entfliehn

Des Überlegens Melodie
gebiert ein unerschöpfliches Gebärdenspiel
am Quelltor Meines Wirkens

Blühenden Gedeihens Wohl wohin *Ich* Mein
Gewissen lenke
Taufrisch Meines Hierseins schwingendes Bestehn
im urgeschöpften Tönen

Das Sein Bin Ich durch Universenpracht getragen
Erstrahlendes Bewusstsein wall Ich vor Mir her
in unermessne Fernen

Allüberall seh Ich Mich Tatenkunst vollbringen
Belebter Lebensfülle Reiz beflügelt alles
was *Ich* Mir ersann

Seinsgewitter zischt aus Meinem Wüten
Wortblitz produziert den Donnerschlag
im gesetzten Urknalltosen

Allbeformung generierenden Zerstiebens
Titanenwucht von Mir gelenkt
äonenlang von Jetzt zu Jetzt im Universentreiben

Der Katarakt der Zeiten stiebt Mir zu
Vollendung mehrend wissentlich
in Meines Meers Genügen

Dem Seinsgebet erlesen ist Mein Fluten
in Meine eigne Frommheit tauch Ich -
staunenden Begreifens Meiner Hoheit

Granulate des Entzückens sind Atome
selig schwingend in sich selbst
eins mit Mir im Allbefinden

Transzendenz des Fühlens im Elysischen
Innewohnendes Geführtsein durch die Gärten
wonnevoller Ruh
in der Beglücktheit ewigem Beginnen

Tanz der Tänze

In Meiner Seinsgewissheit Bin Ich sonnenlichtes
Strahlen
erlebter Göttersinn in Wesensharmonie
Geheiligter hintangesetzter Leiden

Der Makellosigkeit verfallen Bin Ich
jeder Willkür spottend
eingesenkt in Meiner Eigenheit Bravour

Vollendeter im Grad der Absolutheit Bin Ich
seinsgeladen
Arabeske Meiner selbst im Spiegel der Geziertheit
Titanischen Verästelns Wunschgehabe

Eines doch
im allbedingten Strömen
Meiner eignen Glorie Gewicht
im Vollbereich des Herrschens

Weltbeseelen ist Mein Trachten
Spendung reiner Wärme Mein Brevier
an die Schwingungslosigkeit vergeben

Grazie der Hoffnung im Beleben
Unbedingtheit in des Wirkens Zeitelan
aus der Fülle in die Fülle Mich zu heben

Seinslasur im Zubereiten
Finish Meiner selbst wohin Ich geh
Wirklichkeiten zu berufen

Freudewallen im Bewegen
Meiner Hochgemutheit
lupenrein in den Seelenraum gezogen

Tanz der Tänze im Verbinden
alles dessen was Ich Bin
zur Gemeinschaft Meines Wesens

Melodei der Güte Mir zu Ehren
Ausbund heller Farbenkräfte
Meiner Klarsicht offen im Erkennen

Wunder über Wunder ausgezogen
aus des Seins Entrücktheit
reiner Wonne Zugehören

Masswerk eingesetzten Schweigens
echolosen Weilens Seligkeit
im erhabenen Besinnen

Sonnentränke

Zeuge Meiner Einheit
wes Ich in Mir selbst
vom Friedensfirmament umgeben

Über Zeit und Räumlichkeit erhaben
begreif Ich ihr Gesetztum
greifend in die Sphären

Mein Wille reicht injedeTiefe blitzend Unbedingtheit
Wirklichkeit des Daseins kenn Ich *wo* Ich Bin
im selbstverständlichen Gewahren

Meinem Ausgehn ist der Sieg verbunden
Meinem Bleiben Seinskraft
unerschöpflichen Befliessens

Thron der Sicherheit den Ich besteige
resoluten Willens wallende Magie
Äonenferngewirk zu zeigen

Ideenkatapult nach allen Graden
Stürmen und Gesäusel allhin
Mich aus Mir selber zu vertreiben

Unmass *wo* Ich Bin im Bersten
Straffen Zügels Weisung Meinem Eigensinn
alles zu vollbringen

Leis gefächeltes Belinden
Tonlos eingesungnes Lied
empfundner Seligkeiten

Wiegewind im Sommergarten
Lichthauch auf den Blättern stillender Gewähr

Sonnentränke zu empfangen
Nachhall auserlesner Freuden
sachte ins Gemüt gelegt
schweigenden Besinnens

Rast im Hochtal des Erbauens
Frischen Atems Züge eingesenkt ins Nun
Meine Geistheit zu beleben

Schauens Klarheit allempfunden
freuderfülltes Wachsein
in der Unbeschwertheit Meines Strebens

Sphärensinn

Allweit ist Mein Seinsgefühl
Galaxienhaufen schau Ich Meinem Wesen
eingesenkt
Titanenhelle zu verstrahlen

Pure Denkkraft lass Ich fliessen
feinen Mitgefühls Geschehn
in die Aberräume des Gestaltens

Heimat Bin Ich allem was Ich rufe
Heiliger der Drangsal
durch des Seins Äonenstrom

Herrscher reiner Milde im Befehlen
immanenter Sphärensinn
allüberall Bewunderung zu wirken

Abhold dem Personalen Bin Ich doch der Eine
der aus der Fülle seiner selbst Persönlichkeiten
webt
von Gott zu Gottheit im Erbauen

Aus Entropie ist Seinsstruktur geworden
aus Wirrheit Formung ins Geballte
Ausgesondertheit der Geisttitanen

So Bin Ich Mir hierarchisch aufgeschlossen
wägenden Bedeutens Stoss
anjeder Stelle Meiner Seinsgestalt

Thronender auf allen Thronen
Lächelnder in jedem auferweckten Antlitz
Sinnbild strahlenden Erlöstseins

Ungebrochne Reine Meines Willens seh Ich
strömen
in All-Weiten pausenlos
Mein Gewalten zu bekunden

Ohne noch *ein* Gran Mich zu vergeben
Bin Ich Seinsgelassenheit
im Ätherglanz empfunden

Ungeoffenbart - vom Eigensein besungen
Bin Ich was Ich Bin
im Wesensbild

das unerklärliche
in sich beseligte
Agens der Sternenwirklichkeiten

Evolutionenschritt

Aufstieg in der Menschheit will Ich Mir bereiten
eine Siegesfahrt auf Messers Schneide
auserlesner Wünsche Ziel

Sie zur Seinsbewusstheit hinzuführen
ist Meiner Herzensgabe Drangsal
Meines Sinnens Ausfluss

Entwirrer ihres Wankelmuts trag Ich
ihr Trachten Stuf um Stufe
auf die Sternenbahn

So fein Ich in ihr Bin
so sicher leit Ich sie
im Evolutionenschritt dahin

In Meines Geistrufs Stürmen
weis Ich ihr Freiheit im Gesetz
der Kräfte des Allheilens zu

Wie *Ich* sie schaffe kann sie nimmer fallen
Meine Reiter bringen ihr Lebendigkeit
im Tod der sie befreit von Eigenwilligkeiten

Sang der Erde soll sie spüren
selbstverständliches Begleiten ihrer selbst im Brudersinn
eins dem anderen zu Ehren

Sinnenwandel wirk Ich im gezielten Weben
Seinskraft in die Zeit hinein
allgemeine Menschlichkeit zu pflegen

Pläne der Vernunft helf Ich zu fassen
Weihung an die Weisheit setz Ich ein
ihres Wachsens Züge zu beleben

Ihre Blüte seh Ich einig mit Mir durch den Äther schweben
rein geworden in sich selbst
ausgesetzt der Sonne *Meines* Strahlens

Wunder des Behütens
trag Ich sie durch Meine Fernen
liebevollen Sinnens

selbst los ihres Selbstes Raum
Freudenbringer im Bewahren
der umfassenden Befriedung in der
Sphärenharmonie

Selbstwert

Gesättigte Wahrhaftigkeit Bin Ich
zu Mir selbst berufen
im Überschauen Meines Da Seins

Ruh in Wogen trag Ich Mich von hinnen
Hellsicht zeugend schau Ich das Wirkliche
dem zündenden Gedankenstoss gemäss

In die Glückschaft MeinerZuversicht geladen
vollbring Ich Meines Schaffens Will-kür
Ausbund freigesetzter Formkraft
19
Schweigender im Mantel des Verhüllens
Bin Ich Mir selber wo Ich steh
Gedankenbraugewitters Felsmacht

Blitze Schleudernder gebär Ich Räume
funkelnder Demantpracht
grenzlos   aufgeschlossen

stürzend Mich dahin
wo *Ich* schon war
im Seinssinn

Meinem Strömen *über*leg Ich
spielhaft
weisen Ondulierens Gabe

graduellen Farbfluss im Tintieren
pastellne Hingegossenheit im Lichtwehn
wo Nuancen sich erleben

Feingefühltheit wirkenden Gehabens
Sphärenresonanz im Allbesehn
Meiner Züge Weichheit offenbarend

Summe aller Güte
weih Ich Mich dem Tragen dessen
was Ich schuf

schönen Lächelns inne
es gestillt zu sehn
im erstandenen Genügen

Wonne der Erleuchtung
Selbstwert maienhaft erblüht
im erschütternden Entsagen

Alphabet der Hoffnung

Innovation aus tatendrängendem Beleben
Wirkkraft unerschöpflicher Magie
aus *Meines* Seins Begründen

Alphabet der Hoffnung eingeschrieben
jedem auferweckten Sinn
in die Herrlichkeit zu treten

Seinskult *wo* Ich Bin im Übertragen
Meiner Rechte auf die Tat
im ungeheuren Expandieren

Freie des Azurs in allen Dingen
die vor Mir hergehn
weitend sich in Mir

Daseinslust in Raumatomen
überwältigender Vielzahl
Knüpfung *Meiner* Netze seinsbedingt

Analogie in jedem Fall
erstrahlender Bewusstheit
angemessen Meiner Lichtkraft

All-erfüllendes Ertönen Meines Schwingens
Glanzvibrieren in Potenz
der Seinsgeburt im Strom der Wirklichkeiten

Meiner Sonderheit gemäss bewahr Ich Stärke
wo jede Kraft versiegt
Mein Siegel flecklos zu bewahren

Bis ins Erstarren Bin Ich *Meiner* Weise fluten
im Edelstein verschwingendes Atom
von faszinierendem Erglänzen

Wohlbehtiten zeigt sich wo Ich wese
wachende Präsenz injederArt die Ich Mir Bin
Mich vor Mir selber zu entfalten

Triumph des freudevollen Glutens
wo sich Mein Herzgefühl verwebt
der Folgerichtigkeit des Sehnens

Erfülltes Schweben in Gesängen
reiner Seinslust vollbewusst
in unendlichem Entzücken

Meisterliche Gründe

Seinsgepräge wo Ich walte Wirklichkeit zu setzen
Definition der Weltgewandtheit ohnegleichen
aus der Fülle Meines Mich Verstehns

Eignen Ansporns Tatenfolge
Auserlesenheit der Dinge Meines Tuns
in die Sphärenschrift geprägt

All-überschauendes Gebieten
aus Besonnenheit
dem Nektar der Vernunft entstiegen

Wesen eingesenkter Stille
tret Ich vor der Eigenheit Altar
Daseinslust zu feiern

Losgelöstheit irn Erkennen
Meiner selbst
ist allüberall Mein Attribut

Wachsamkeit die Würze Meiner Stärke
Allgarant der Harmonie
von eingebornen Gnaden

Seelenreinheit im Erstreben
wesenhafter Liebe wo Ich Bin
um der Tröstung willen

Sternglanz in den Sinn gegossen
Hauch der Gewogenheit
im lächelnden Begreifen

Glorie von Mir besungen
beigefügt dem Schweigen das Ich seh
in meisterlichen Gründen

Hochgemutheit im Belieben
so wie *Ich* zu sein
in der Freude Wohlergehen

Inbrunst der Begleichung
Meines Seinsgefühls mit allem
was Ich Bin in Meinen Reichen

Lob der Einheit
Sein in Würde
Meiner Wesenheit Idol

Wohlbehütetes Erscheinen

Sonne Bin Ich unermessnen Strahlens
Erde in ihr Wärmekleid gebettet
kreisend um ihr Gleissen

Vater der Gestirne allerhoben
lichte Seelenfülle im Ätherium
zur Empfindsamkeit erkoren

Seinserwecker der Gedanken
Funken schlagend aus dem Sinn
In der Selbstheit Urbeginnen

Wesen reinen Wohlgefühls Bin Ich
der Zeitlichkeit entrückt
indem Ich sie beschaue

Im Sonnenraum sind Tag und Nächte nicht zu zählen
Gewaltigen Geschehens Neige
neig *Ich* Mich dem Erdkreis zu

Hellbeglückten Atems
fach Ich Leben über Leben an
in der Ausgeburt der Fülle

Die Träne der Besorgnis lass Ich fliessen
dich im Gewand der Redlichkeit zu sehn
erwacht von deinen Träumen

Du findest Meine Spur im Vorwärtsschreiten
erfindest was dir frommt
von Seinsgelassenheit getragen

Gewahrst du Mich gewähr Ich alles
was du je erhofft im Herzensflehn
dein sehnendes Gebet zu stillen

Allweit Bin Ich Herr der Welten
Seinsgarant an jeder Stelle
Meines Mich-Erkennens

Wohlbehütetes Erscheinen jeder Einzelung
Bin Ich im Schöpfungskreis
den Ich verflutend um Mich leg

Sein der Sonnen, Sein der Sphären,
Seinsverhüllen
wo *Ich* Bin
unerkannter Seligkeit Bescheiden

Sphärenharmonie

Liebegeistigkeit

Glanz der Sonnen lass Ich walten
Lichterfülltheit *wo* Ich Meine Macht versteh
im allbeglückenden Durchdringen

Meines Wesens Goldzug äussert sieh im Gleissen
Helle fügt an Helle sich
in Meines Strömens Allegrie

Lebens Strahlkraft flutet
aus den Hallen
Meines Seins unbändig

Myriadenkolonien Meiner Sterne
Leuchten sich insAll
voll Liebegeistigkeit

In Meine Bruderschaft verschränkt
gewinne Ich dem Leben Lieblichkeiten
und heiss es Blütenreichtum zu begründen

Seinsblick in Äonenweiten
Nahsein jedem Herzblut
im Inbegriff der Wesenseinheit

Siegel Meines Willens
im wiegenden Gewirk
der Seinsdynamik

Leis bewegtes Stillgebet
in der Allheit
Seligkeit an Seligkeit zu fügen

Heiligung im Geiste ist zu spüren
wo Mein Seinsruf sieggewiss erschallt
wie Trompetenschmetter im Azuren
Hall in Chören hör Ich tönen
zu Mir selbst ins Wesenslicht empor
Meiner Herrlichkeit zu dienen

Seinsgefühl ist Mein Erfühlen
Wonnesein in Weihung Meiner selbst
im Rang der Ich Natur

Stillung Meines Schöpfungsdrangs Bin Ich
vollendet in
des Schauens meisterlichem Ruhn

Elementenwucht

Ich verkünde Seinsbewusstheit in den Sphären
Sakrosankte Klare schütt Ich aus
Meines Allsinns Stärke zu beweisen

Flammendes Gerechtsein heiss Ich
wiegen sich auf Häuptern Meiner Wahl
Machtwortstösse zu versetzen

Wo Ich Bin zerstiebt das Falsche
seinen Unrat überstolpernd
ausgeräumt vom packenden Befehl

Glanz vom Glanze lass Ich fliessen
in den reingefegten Saal
Meines Gastmahls Freudigkeit zu grüssen

Strömt in *Mein* Bewusstsein
Scharen edler Geister
Götterherrlichkeit zu üben

Sinn im Sinnen
Bin Ich seinsempfunden
in der Heiterkeit glückseligem Gefühl

Wachgeworden in der Wachheit Meiner selbst
erbau Ich sonnenstrahlend
was sich Mir ergibt

Keim des Lichts in jedem Werden
Bin Ich unbedingt
der Elementenwucht entsprungen

Seinstrost in der Dränge
Halt im Angstschrei
Retterfunken blitzend meerweit hin

In Mir selbst geborgen Bin Ich
wo die Lebensflamme Mich erkennt
im Einssein unermesslichen Erhebens

Glorie im Sternkreis
setzt Mein Walten
überbordendes Geläut im Urton

Mein Allherrlichsein allzeit
im Seinsgeheimnis
würdevoll zu feiern

Preziöses Offenbaren

Grazie der Anmut Bin Ich
wo Ich schwebe
in gewehten Schleiern federleicht dahin
Wölkchenschimmer zu bewirken

In Azur gehauchte Feine
füllt die Räume silberlichtig an
Sphärenharmonie zu zeugen

Schweigendes Besinnen auf Mich selbst Bin Ich
dem Wesen der Natur vereint
allwo sie Unberührtheit atmet

Kleid des Sommervögelchens
ist Meiner Farbenschönheit
preziöses Offenbaren

Miniatur Bin Ich Mir selbst
im Menschensinne
den Ich ins Weltenweben web

Die Heimlichkeit der Erde Mir zu wahren
bewahr Ich sie wie ein Juwel
in Meines Allraums Fabelhaftigkeiten

Brillanz in Grösse wie in Kleine
Bin Ich in Brausestärke wie im Wehn
dem Seinsbewundern offen

Dahingeflitztes Wiesel Sonnkraft
Wolkenschaum sternübersätes Nachten
Bin Ich Mir selbst – Äonenfltichtiger

Mein Herz zum Sein bekennend
kehr Ich aus rasender Bewegtheit
seelenruhig heim

Das ist das Wirken Meiner Schösse
der Taumel und die Klarheit
Meiner Urmacht

Wesensreine seh Ich seinsbedingt erstrahlen
glitzerndes Gefälle in die Allheit
Meiner Trilogie

Denkkraft, Fühlen. Wille
aus dem Sein
ins Universengrandiose zu entballen

Flammenlotus

Wesenhafte Kostbarkeit bist du in Meines Seins
Umfangen
Dein Hiersein lass Ich wie die Perlenschnur durch
Meine Finger gleiten
lass in den Flammen deiner Ängste reine
Zuversicht erstehn

Seinsvernunft
führt dich
auf *Meine* Bahnen
Allempfinden läutert dich Mir zu
Ich-Befreien zu erlangen

Deiner Mühsal Stösse will Ich wenden
wenn du Vertrauen hegst
in das Weistum Meines Webens

Losgelöst Bin *Ich* wenn du dich lösest
vom Gebind der Weltnatur
Seinswert zu erlangen

Komm o komm von Mir behütet
in Mein Sein geflissentlich hinein
Sorgenlosigkeit zu leben

Seligsein in Mir zu finden
berg' Ich dich im Ätherschoss
in der Echtheit Meines Wesens

Sieh die Helle dich Umstrahlen
sonngetränktes Raumen ohne Ziel
wo *Ich* in der Seinslust wese

Reinen Geistes Weiheströmen
Flammenlotus Mir im Sinn
den Ich selbstbewusst bethrone

Sinnbild Meiner selbst in allen Dingen
keiner Worte würdig
dauernd – im Verwehn

Wachend allem eingesenkt
bewahr Ich Hintergründigkeit
in Meinem Schauen

Reinen Frieden dir zu finden
schreit Ich lächelnd vor dir her
in der Seinsbewusstheit Strahlen

Sei in Mir des Seins Erfüllen
feierlich gestimmt
in der Schwingung Meiner Ehren

Allgewandtheit

Ich Bin den Seinsstrom in die Tat zu lenken
Himmelsleichte überweh Ich MeinemTun
Eleganz zu offenbaren

Wohlgesetz in allen Dingen
Schlaf in Schönheit *wo* Ich Bin
das Bewusstsein aufzuschlagen

Trunkenheit der Sinne im Verweilen
auf der Haut des Faszinierens
wo Materie sich erhebt

Maya im Vergleich zum Weben
der Allwirklichkeit im Geistraum
wo die Wesenskräfte wirken

Mit Bewusstheit füll Ich jeden Keim des
Weltgebarens
Wohlgeordnetheit verleih Ich Meinem Zug
Mich ins Dasein zu vergeben

Überschauend Bin Ich weis' zu lenken
was Ich in der Weisheit schuf
Weltensschöne zu enthüllen

Reiz das Unerreichte zu erreichen
Mit Vollendung Mich zu schlagen
Bin Ich selber Mir zur Qual

Überwinder aus den Nöten
Heilsgewöhner durch Äonen
Bin Ich jubelnden Begreifens

Allgewandtheit offenbart Mein Schreiten
Um das Sandkorn spinn Ich Perlenschöne
in reizendemVerbergen

Aller Güte Gutheit weiss Ich zu verströmen
lächelndes Behüten Meiner Seinslust
Sinnenschwere abzulegen

Durch die Wälder lass Ich rauschen
Meines Seinsgefühls Gewand
in des Winds gehauchter Schwebe

Nichts als Freie Bin Ich im Entschwinden
Meiner Seinsgelassenheit zur Ruh
unnennbar sel'ger Träume

Seinsgewand

Blütenpracht hab Ich dem Sein entbunden
die sich lebenstrahlend regt
zur Vollendung reinem Reigen

Alles ist in Meinem Mich Begreifen
transparentes Sinnen
in der Urtonschwinge Klingen

Über Stufen steh Ich
siebenfach geläutert voll Werdekraft
mehr als Mich selbst zu sein in neuen Selbsten

Mein Schreitens Allgewalt
in jeder Seinsgestalt
will Wesenseinigkeit erfinden

Wohin Ich ziele
schnurrt Genügen seligkeitsumwunden
Augenblick an Augenblick gereiht

In der Kunst des Weilens wes' Ich
Schweigsainkeiten übend
Radiant verströmenden Bewusstseins

Allerkennend tauch Ich in die Sphärendichte
in Silbentraulichkeit
des Daseins Dialog zu führen

Allverbindendes Geflüster ist Mein Mich Verhören
Wesenskraft - versprühendes Gewalten
Meiner Sterne Legion

Ich seh Mein Seinsgewand
in diamantbesäter Helle strahlen
Zeichenfall der Virtuosität

Zerstiebende Dynamik Bin Ich
immanentes Lauschen
Seinskontrolle allhin glückvoll

Kelch der Güte
wo Ich wirke
Seinsgewinn vergebend

Feierlich getünchtes Gluten
Meiner Herzlichkeit im
all-vereinenden Durchwehn

Schwingendes Entzücken

Kristallne Klarheit seh Ich glänzen
unerrnessnen Schweigens Seligkeit
empfindet sich in Mir

In die Fernen aufgelöst bewahr Ich doch das Einen
In Mein Sein gekehrt Bin Ich ganz Raumgefühl
im erwachten Blinken

Hochgemut im Kreisbild reinen Schauens
entdeck Ich Meinen Seinsgehalt
Wesensliebe zu beweinen

Sonnesein im Allerfüllen Bin Ich
Wärme, Wohlsein, Wonne
Ausbruch Meiner Strahlnatur

Hoffnung fühlend trag Ich
Mein Betragen allüberall
in Meines Herzbluts Beben

Ätherleichte weh Ich ins Entfalten
wo Ich schwingendes Entzücken Bin
MeineWeiten zu durchkreisen

Jedem Bin Ich
Helfer zur Geburt im Schweben
der dem Schreiten sich verschworen

Seinslichthelle lass Ich glänzen
in des Seins Bewusstheit
wo Ich Mein Erwachen Bin

Meiner Einheit Gnadenzüge
trag Ich wissend vor Mir her
in die Wirkwelt neuer Taten

Triumphator Bin Ich lächelnden Gedenkens
im Ich Bin
ungezählt und ungeschiedne Sinnhaft

Flutender Lebendigkeit Entgleiten
In den Wesensprung gestürztes Wehn
sammelnd Mich in Eigenwillen

Wahrspruch spielender Gedanken Bin Ich
sonnenselig
in der Ichbewusstheit Strahlen

Stern der Weisheit

Wiederfinden

Seinsergriffenheit vor allen Dingen führt dich
Meinem Wirken zu
Ich verstrahle was Ich kosmisch Bin Göttergleiche
zu gewähren
Des Erkennens Sternensprache leitet dich im
feierlichen Schreiten

Meiner Lichtkraft Zeuge Bin Ich Mir geworden
wesenhaft im Weltenschoss
Urgewissheit zu bewahren

Haupt der Nebensächlichkeiten
Stiller der Verwundtheit
Bergender befreiter Seelen

Vollbewusst vor Mir erschienen
Bin Ich Selbst verstehn
im strahlendsten Bedeuten

Seinsgelassenheit im Wirken
der Allwirklichkeit
die Mein Gedankensein bewegt

Heilempfunden hüll Ich Meine Welt in Frieden
Mitte seiend Meiner Unermessenheit
im beglückten Mich Gewahren

Bewussten Seinserlebens Stärke Bin Ich
Achtung Meinem Hiersein
augenblicks ins Gegenwärtige gezogen

Sinnbedeuten überscheint das Scheinen
In Gedankenstille ist Erkennen goldner Lohn
Weisheitsfülle zu entfalten

Daseinsklare im Beschauen
Stimmungsbild in Wesensharmonie
Ewigkeit zu zählen

Seinsbedingte Würde wallt ins Schweigen
Wiederfinden Meiner Gottbewusstheit im Ersehn
wie die Einheit sich ins Universensein erhoben

Allegorie der Grossmut Bin Ich
im erfüllten Wirken Meiner Wahl
in die Menschlichkeit zu steigen

Seinserleuchten wo Ich Mich gewahre
Glorie im Weltensaal
seligen Erinnerns

Schaffende Manie

Seinsbesonnenheit erhebt sich wie der
Morgensonne Strahlen
Meine Welt in sagenhafter Ruh
Götterdinge zu vollbringen

Blossgelegt Mein Wesens Seien

silberglänzend im Azur
in des Freigefühls Empfinden

Gleichnis Meiner selbst
im Innewerden der Gewissheit
Meiner Seins-Struktur

Namenlose Heiterkeit
des Hierseins herzempfunden
in des Lichts bereinigenden Graden

Allerfüllendes Beseelen lass Ich walten
Meiner Liebeskunst gemäss
Wesenseinheit zu erzeugen

Gleichgestimmtheit Meines Mich Erlebens
mit dem Sein
bedenkenlos Meiner Ichheit übertragen

Somnambuler Wille
zu erwählen was die Gottheit will
Wagemut zu züchten

Richtwert *Meines* Richtens
Bin Ich zeitgleich in der Tat
Meinem Ebenbild entnommen

Seinsakzent voll Würde
in erschaffender Manie
Sinnkraft zu versprühn

Allerhabenheit erreicht Mein Kühnen
höchster Weise Historie
im errungnen Selbst-Erfahren

Wesensdichte greift ins Leere
aus sich selber zu entfliehn
kosmologisch im Entschwinden

Sammlung ruf Ich ins Erwachen
Seinspräsenz ins Raumastral
vollbewussten Strebens

Sinnerheben

Menschatom
im Universenschwingen
Blitzender Demant im Seinsblick
auf dem Erdenring gesehn

Brillant von Meines Seins Brillieren
preziös im Schweben durch den Saal
souveränen Raumerfüllens

Sammellinse allen Kraftens
Wallende Dynamik vollen Drangs
Seinslicht zu vergleissen

Selige Gelöstheit im Befinden
Seinsverschmitztheit unversehns
im Vorbild lächelnden Genügens

Adel der Gewissheit
Meines Innewohnens
im gelassnen Menschenwerden

Seinstrunken Bin Ich
im Erfahren Meiner Eigenheit
von Wesenschaft zu Wesenschaft gezogen

Präsent in Vollsubstanz
in jedem Gliede Meines Allerfüllens
Kraft von Kraft im So-sein

Träger der Vereinzelung im Ganzen
Wesenstreu wo Ich Mich finde
im Bewusstsein Meiner Souveränität

Aller Dinge Ding schaff Ich Vertrauen
in Mein Seiens wachsendem Gesptir
Makellosigkeit zu zeugen

Sinnerhebend weht sich Meine Fahne ins
Verblauen
Nähe Bin Ich und die Fernen
allzumal voll Fabelhaftigkeiten

Befreien von der Schwere wirk Ich
Entwallen in den Geistraum
Meines Seins-Besinnens

Legionen zu entzücken werf Ich Schleier auf
bewusster Schöne
Tanz der Allerschienenheit
in reiner Allegrie

Metaphysisches Geplänkel

Ich finde Mich in wundervoller Einheit wieder
Vor gefallnen Leibesschranken
schau Ich Mich wesenhaft im Freien

Was für ein SchlafgebürtigerBin Ich gewesen
ein Zappelnder am Marionettenkreuz
in abermillen Exemplaren

Nun schaff Ich Mir Mein Recht
erkennend was Ich Bin
im Frühlicht des Beschauens

So dicht wie kein Gedicht
Bin Ich gepresst in jede Denkgeburt
Meines Gebarens

So unhaschbar wie nichts im fortgesetzten Fluge
wes Ich abseits
in Seinsmanier

Du bist dir alles
Ich Mir nichts
im absoluten Schweigen

Metaphysisches Geplänkel
bist du wenn Ich durch die Fänge
deiner Schleierwolken seh

Mäuschen Meiner Tatze
Bällchen Meiner Spielogi&
ans Spiegelbild verloren

Garaus der Illusionen Bin Ich
Mir selbst in deinem Hirnwind
staunender Präsenz

Ins Sein gereift begreif Ich
Mein Im-Universum-Mich-Ertöten
Ballastlos Bin Ich Meinem Schweben

Ebenmass Mir selbst im Unerhörten
Leis verschwingendes Entfliehn
zu *Meinen* Gründen

Sein im Omnium des Sternenschneiens
vergessend seine Glut allwo Ich
Meinem In-Mir-Seligsein genüge

Weiselosigkeit

Allverstand ist Meines Freiseins Zielen
Der Kunst der Göttlichkeit gemäss
bereit Ich Mir des Seiens spielerische Gaben

Mich selbst erkennend kenn Ich Meine Stärke
lass Nebeldünste sich verziehn
dem Lichtstoss weichend

Ungültig sind die gültigsten Bedenken
vor der Feste Meines Ich-Bezugs
der Wesenhaftigkeit verschmolzen

Nichts wissend als Ich Bin
bewahr Ich Mir
aus Himmeln keimend - Mein Bedeuten

Kein bewusstes Jota geht Mir je verloren
derweil Ich Schärfe zische in den Stahl
Mein Willensbild zu integrieren

Patron der Weichheit lass Ich Formen fliessen
unnennbar süsser Sanftmut vor Mich hin
dem Seelenwonnesein zu eigen

Wunder des Verklärtseins
Allbläue des befriedeten Gemüts
in der Verträumtheit märchenhafterZeiten

Ins Menschentum gestiegenes Behüten Bin Ich
leibfrohen Sinnens Lebenslust
der Ich Mein Herzblut anbefehl

Verästelung des Seelentrachtens
flutet - allerwägenden Bedenkens -
ins Bewusst-Sein

Harmonie der Weiselosigkeit Bin Ich
Von Zeitlauf keine Spur
noch von Bezug zu Räumen

Meine Stille ist Gestilltheit im besonnnen Schweigen
Meines Wesens Anmut Unberührtheit von Mir selbst
derweil Ich Mich aus Mir verliere

Strom der Ströme Meer der Meere Bin Ich
Wesen aller Dinge ohne sie zu sein
in der Gediegenheit der Schöpfungsliturgie

Monolithensein

Mir selbst entäussert Bin Ich doch in Mir
Wesenhaft im Einssein
stufentransparent wie Ich Mich seh

Mich selbst beglaubigend entwind Ich Mich den eignen Nöten
pochend auf Distanz von dem was Ich Mir Bin
im seinsgeladenen Erröten

Raum im Unraum
Eingeholter Ernte pralle Scheunen
entkeimend Mir im Universendom

Stilleseins, erlauchtes Reden
Träfen Schlagens Wogeriwälle
kämmen Meine Leere

Gotteswirtschaft ist Mein Un-Verstehn
im Zug
erlesener Gedanken

Hoffnungsfeld im Unverhofften blüh Ich ans
Bezaubernde heran seinserschlossner
Wirklichkeiten
Eigentritt in fremde Gärten friedevoller
Schaupracht
Meinem Sein entquollen

Ausser Mir ist Un-Präsenz
Begreifst du? Duheit Meines Ichs
im Monolithensein vereinigten Empfindens

Wechselwesen in Geneigtheit Polgericht zuhalten
Lächelnde Bewusstheit
eins-verschworen her und hin

Universenstarre aufzulösen Bin Ich Geistflut
Gründer seinsbewegter Formen
Hintergründigkeit zu üben

In Mein Licht getreten
tiberwalte Ich Mein Ruh-Erwallen
glanzerfüllten Weilens

Mitte *Meiner* Mitten
Meisterherz im Tönen
sanft gestimmter Serenie

Stern der Weisheit

Mein Sonnesein in jedem Stern ist liebevolles
Strahlen
Meiner Arme Weite ist umfangen aller Kreatur
in seinsbedingten Nöten

Muttertrost versend Ich allen Hingebeugten in ihr
Weh
Bergung in Mein Wesens Wohlgestimmtheit
Freudenwandel zu bewirken

Stern der Weisheit im Erglänzen
Meines Segens Unterpfand
im Fluss der Evolutionen

Vatertreue dir zu halten Bin Ich
Gegenwart im Sein
deiner Seinsgestalt zu eigen

Wirre Wirrsal zu entknoten
tret Ich sicher vor dich hin
in der Selbstbedingtheit Meiner Gaben

Fördern wirk Ich im Begleiten
Vogelfreie frohen Schwingens
Meiner Leichtigkeit zu willen

Reine Stille im Verweilen
lass Ich in dich rieseln offenbar
um die Wesenskraft zu stärken

Mir verbunden sinnt dein Sinnen
Wunderwerke in die Welt
des Entzückens Blitz zu nähren

Schwebendes Gefühl im Reigen
Gleichklang des Empfindens
in der Freudenwelt erlebt

Sein in Wonne will Ich lehren
lernend von Mir selbst im Zeitenstrom
Folgerichtigkeit zu üben

Friedensbogen im Verbinden
zweier Seinsgewirke Bin Ich
Einheit des Triumphs zu feiern

Harre aus im Seinsgedulden
Lichtkraft ist im Auferstehn
einer Sonne Strahl zu werden

Unverlorenes Verlieren

Meisterfertigkeit

Wohlgefügter Friede herrscht in Mir
Überzeugendes Bewahren Meiner Sendkraft
Welten zur Gesetzlichkeit zu leiten

Logos Bin Ich
allem überlegen was sich Meinem Sein entringt
im behüteten Mir selbst¬Entgleiten

Sucher Meiner Wendigkeit in allen Winden
Scheiternder wo Ich Mich nicht mehr seh
ins Erstarren abgestiegen

Liebelichter Flamme Strahlen
wo ein Hilfruf aus dem Herzen tönt
Seinserwecken zu gewähren

Holde Kunst des Überwindens
jeder Schrecknis in der Zeit
Über sinnlichkeiten zu entschleiern

Wesenshelle im Begreifen
Meiner Eigenheit im Weltatom
Fülle in der Fülle Meiner Arten

Allbereiter Fluss im Gleiten Bin Ich
jeden Zagmuts bar
Meisterfertigkeit zu üben

Schöpferweisheit lass Ich walten
wo die Wege auseinandergehn
neuer Wirklichkeit zu willen

Glut Bin Ich im Gluten
alles was der Feuerkraft entspringt
sprühend Siegesbrände durch die Sphären
Dräuender Vermumrntheit Zeuge
wes' Ich in geheimnisvollem Dämmer
Eruptionen auszubrüten

Glanz und Glitzern gleiss Ich
durch Aonenräume wesenhaft dahin
Unbedingter Klarheit Überborden

Feingestimmten Lächelns
lass Ich Mein All-Seien
in azurne Heiterkeit verwehn

Gastmahl Bin Ich

Frommheit wirkend wächst die Ramme des Gebets
Mir zu, Sylphenleichte Träume seh Ich
aus dem Seelenschweigen blühn

Ätherglanz von *Meiner* Weise
Auserlesenheit erwachten Weltgefühls
im Morgendämmer

Transformation geschauter Wirklichkeiten
in die Sprachwelt
Neugedanken zu entzünden

Lichtstoss in die Fernen
reiner Räumlichkeit
Gründe zu begründen

Meissnersche Zerbrechlichkeit der Seinsstrukturen
Spinnwebfeine Logik der Verknüpfung
verflogenen Gedankenflaums

Vollwertglück im Fabulieren
Daseinsdichte eingeblendet in die Wortwahl
Seinspräsenz zu produzieren

Meines Überschauens Atem
weht bedeutsam durch die Zeit
ungezählter Millionen

Gastmahl Bin Ich auserwählten Geistern
ihrem Seinserleben
Fürstlichkeit verstrahlend

Fertiger beglaubigter Genüsse
Auf den Tisch gehauchtes Sonnbad
Meiner Tafelschaft zu Ehren

Lichtsein Bin Ich Mir
seit Anbeginnen
freudeströmenden Gebärdens

Ton im Tönen
silberschwingendes Geläut
im Urbericht der Sage

Seliges Verstummen
Allvernehmen innig
weiselosen Währens

Behütetes Mikron

Im Unberührten wes Ich jetzt und immer Sinn los
Sinne fassend ins Gedeihen
Wesenhaftes wirkend All hin

Urlichtwogen strömt aus Meiner Stärke
Gesammeltes Begreifen
ins Bewusstsein himmlischer Gewähr

Wohlgefühl des Schweigens
in Mein Selbst gelegt
stillt was Ich erlebe

Wachmut vor dem Augenblick
vergibt Gewissheit dessen, was Ich wirkend Bin

Raumlicht tinkt die Schwärze
Seinsdruck spielt sich in die Sternenbahn
sich selbst zur Kolonie geworden

Allgebieter Bin Ich des Zerstiebens
in Mein Sonngeflitter
Raumflut zu begründen

Titaniker im Strudel der Gewalten
kräftewallend *wo* die Lebensdinge
sich verlieren

Greifer ins behütete Mikron
Besonnenes Dynamen
voll und zart

Ins Weltliche gesetzte These
dass Ich freudenwillig Bin
Mich selbst zu unterfangen

Ruhsinn Bin Ich
leuchtendes Idol der Sanftmut
in Mein Seidesein gebettet

Vollgetränkt mit Tröstung
schenk Ich Trost
an Meine Bürgen

breitend über sie
Mein lichtdurchsegnetes
Er-domen

Wesenspanoramen

Im Irrealen glutend glut Ich wesenhaft in Mir
Raumerfüllendes Verheissen Bin Ich
Akt der Unversehrtheit

Netzwerk weihevollerTaten
Gefangner Meiner selbst
unhaltbar Ausbruch zeugend

Sinkend in die Redlichkeit der Sterne
trag Ich ihren Schimmer, durch Mein Futen

Raumkunst bietet Raum
dem Staub der Galaxien
vor den Sphärenblick gezogen

Ziseliertheit Bin Ich
eingeschossen in Mein Tun
im vertrauten Mich-Vergeben

Eingesenkte Heimat wo *Ich* wese
Seelenland im Selbstverstehn
Meinem Seinslicht anbefohlen

Inbegriffner Liebe Strömen
Schönwertfeier wo sich Menschlichkeit beehrt
Ausdrucksgrösse zu erlangen

Seinsorakel Bin Ich unerkannt Mir selbst
eingebettet
in den Grenzwert Meines Werdens

Wissend was *Ich* weiss
versprüh Ich Meiner Selbstheit Wesenspanoramen
myriadenfältig

Seinsbedingte Innheit Bin Ich
allem Selbstentfalten
wissenden Begabens

Reglos halt Ich Meines Atems Regel
in der Un bewusstheit
Tiefen

wo die Urkraftschlange schlummert
unerhobenen Gesetzes
sein-los seiend

Unverlorenes Verlieren

Seinsdynamik wendet sich zum Wesenhaften
Ballungsformen drängen sich ans Taglicht
Neustrukturen zu begründen

Weihung ans Allgrosse in Mir selbst
Liebevolle Bitte um Erröten reiner Liebe
in den Buchten Meines Seins

Leichtigkeit im Herzblut
Frohmut im gewissenden Verstehn
des Gigantischen in Meinem Wollen

Seinserlebendes Gewahren Meiner selbst
im Irdischen
herausgebrochen aus den Nöten

Genauigkeit im Denkbezug auf was Ich Bin
Hintangesetztes Zimpern im Gefühlsbruch
wesenhafter Liebe zu

All-durchwallendes Empfinden
der Beglückung *so* zu sein
im werdenden Gestalten

Paradox der Seinswelt
dass Ich Mich als Nichts in Allem
zu Mir selbst erhebe

Führung Bin Ich ins Erkenntnislicht gezogen
Mein Begleiter
menschenseinsbedingter Wesen

Gesten des Versöhnens greifen ins Verflechten
Meines Seinserscheinens in der Zeit
Einserkennen zu bewirken

Unverlorenes Verlieren Meiner selbst
ermess Ich im Erfühlen
der Seinsgeborgenheit allwo Ich Bin

Innewohnenden Verstummens Blüte
hütet das Geheimnis
all-empfundnen Seligseins

von Stern zu Stern
im Schimmer des Entzückens
durch Aonenleichtigkeit getragen

Arabeskenvielfalt

Hochgefühl der Friedensnähe im Erlauschen
Sakrament der brüderlichen Stille
Glück vom Glücke zu verstrahlen

Lieblichkeit des Weilens im Gelöstsein
Vor die Zeitenhast gesetzte Ruh
elysisches Gedankengut zu pflegen

Näh und Ferne hin und wieder
im Bestreben
Polgesetzlichkeit zu üben

Hiersein ohne Abstrich
all- erfüllende Präsenz, als Wirklichkeit empfunden

Das Geschehn - ein fernesRauschen
liebevoll vernetzt mit Meines Daseins Will- elan
jeden Abgrund zu durchweben

Aus Mir selbst entfaltetes Erscheinen
Bin Ich in der Dingwelt
raumerfüllenden Gehabens

Glatter Bruch insTeilen
In die Vielzahl ausgesetzter Sinn
Meine Einheit zu beleben

Zug ins Gegensätzliche
der Spannung wegen
die Seinsynamik selbstgesetzlich will

Auserlesenheit des Sich Vereinens
schliesst das Trennen in sich ein
Vollendung zu begründen

Weisheit offenbart sich
aus des Seins beglaubigter Natur
Überlegenheit zu zeigen

Neugeist Bin Ich MeinerEigenheit
die Mich verpflichtet
Arabeskenfältigkeit zu zeugen

Heger wachgewordner Träume
seh Ich Vogelschwarm Geflatter
ins Azurne sich verziehn

Wunderkraft des Scherzens

Meiner Losgelöstheit Zeuge Bin Ich allerhoben
Diamantenstärke schiess Ich in den
Menschenstrahl, Meine Wirkkraft zu vollenden

Sieggewohnt befehl Ich was Ich meine
bekräftigend was Ich im Werden seh
Meiner Mutterschaft gemäss

Was Ich Mir Bin enthüllt sich im Vereinen
aller Seinsgestalten
in der Vollzahl des Umrundens

Die Fahne Meines Ebenbilds hab Ich
hinausgetragen
Dort weht sie *Meine* Sinnkraft ins Gezelt
weit über die Gefallsucht der Dämonen

Gestatte Mir dein Innenlicht zu transformieren
dass es in Meiner Helle gleisst
den Tag der Einigkeit zu feiern

Sieh dich in seinsgeweihter Gute
vor deiner Werkgemeinschaft stehn
dem wachen Lebensstil entrungen

Ich mach Mich selber frei im Weltenstreben
dem Schmerz gemäss der Mich durchschiesst
im Aufruf zu geflissentlichen Taten

Triumph wird sein *wo* Ich Mich finde
in Meines Eigenseins Gewähr
der Fallsucht in Zerstreulichkeit enthoben

Beruhn in friedefertger Weise
ist *Meiner* Weise sinnendes Symbol
der Ausgewogenheit entsprungen

Gebieter Bin Ich aller Harmonien
die *sind* in Meiner
Überfülle Garen

Wunderkraft des Scherzens
strahl Ich ins erhabne Spiel
Eingefurchtes zu entschärfen

Losgelöstheit reingefühlten Schwebens
sag Ich Meiner Seinsgewissheit an
sonngleich in azurgestillten Fernen

Urgewissheit

Auengärten

Ich spreche aus was jedermann bewegt im
Weltenschreiten
In Mein Gemach gezogen reich Ich Bild- um Bildnis
Meinem Sinn, Empfindsamkeit zu üben

Die Spur des Allgedankens zieh Ich ins Erwägen
Betrachtend trachte Ich darnach Erhabenheit zu
finden
Alabasterreine rettet Mich ins Seinsgefühl

Ich mag den Tag der Unschuld kaum erwarten
Äonenzeitenlang wirkt Mein Befehl
die Universenwiderspriichlichkeit in Einheit
aufzulösen

Ich leg Vertrauen in die Traulichkeit der eignen
Grösse
Der Lichtkraft eigen schnell Ich Klarheit
in den Umkreis Meines Raumgefühls

Allüberall bringt Meine Fertigkeit
Vollendung in die Seinsstrukturen
gemessen mit dem Königsellenmass

Ich trachte nach Vernunft
in jedem Gran des Denkens
das Ich wirkend um Mich sä'

Der Seinspartikel jedes ist mit Zaubermacht
geladen
Explosivkraft harrt im Wortvokal
Echtheit zu versprühn

Dramaturgie des Eigenseins in Universenszenen
vom makrokosmischen zum mikrokosmischen
Geschehn
Meiner Würde Losung

Wo seh Ich Glanz wenn nicht in Meinem Gleissen
Wo lösen sich die Schatten wenn nicht das
Nonchalante fällt mit dem die Selbstgefälligen ihr
Sein beschmeicheln

Bedeutungsloser Aufruhr
vor dem Ruh-Erwallen
aus dem Seinsgrund

Dem Dingestand gemäss gleit Ich ins
Hinterschweigen
des Wortschwalls
aus der Fülle Meiner Ausserun gen

Ich hab der Seligkeit zu frönen soweit Ich
Auengärten seh in Meiner Wohlgesittetheit Erleben

Missmutsflattern

Herabkunft Meiner selbst ins Weltentreiben
Besonnenheit im Kleinstraum des Bestehns
Allweise zu bezeugen

Ergriffenheit von was Ich fühle
im Urklang der Gewissheit
dass Ich Bin

Seinskraft allbezognen Strahlens
Rosenschimmer wohlgesetzter Tugend
Menschlichkeit im wesenhaften Mich-Entfalten

Leidlos lauschend Meiner Innheit
öffnen sich die Siegel Meines Mich-Begreifens
Ins Unendliche gezogen wird Mir alles klar

Weihevolles Wellen find Ich
im Bezähmen Meiner Unrast
vor der ausgesandten Tat

Heilsgedanken seh Ich schweben
um Mein Haupts Gelassenheit
im Gerinn der Zeiten

Missmutsflattern weicht dem Wohlgesang
erlebter Seelenharmonie
Mein Wesensbild zu zieren

Begreifer jeder Menschenregung Bin Ich
in Erschütterung und Frieden
Wundmass und Genesen

Gläubigkeit im Wachton des Erringens
Seinserlöstheit wo die Seele sich vergisst
im beglückten Herzensschwingen

Fröhlichkeit im Augenmerk der Güte
deren Klang das Leben beut
im urewigenBeginnen

Gedankendichte im Bewahren
Meiner Eingestaltigkeit *ob* allem
was Ich je ersonnen

Sinnende Potenz im Griff nach Seinsideen
deren Fülle wesensgleich
vor Meinen Blicken sich ins Kosmische verweht

Urgewissheit

Aus Liebeskraft erwächst das Allversöhnen
Meiner Blüten köstlichste im Seinsgesang
Befreiung wirkend herzweit wo Ich Mich erfühle

Bewussten Leids Verklären Bin Ich
Mutgestalter aus den Trümmern der Gewalt
Freudbeginn emporzutragen

Kräftespendendes Agens in hohen Nöten
Seinssprung in die Lebenslust nach bittrer Qual
unbedingte Neugeburt zu feiern

Lebenskraft an sich Bin Ich
Triumph der Stärke *ob* dem Tod
Äonenzukunft zu verströmen

Durch Jahrtausende gelegte Spur
unbändigen Wachsens Bin Ich
zielvoll *ja* bezeugend

Bin des Leuchtens Zuversichtlichkeit
in jedem Augenpaar das sich
dem Drängen Meiner Würde hingegeben

Die Heiterkeit Bin Ich im jungen Tag
der sich am Bug der Evolution ins Zeitmass gräbt

Wachheit will Ich
wesensweit im Sein der Sphären
ungebundnen Überschauens

Seinserwecken wo Ich im Bewusstsein tage
Widerwills heroenmächtiges Besiegen
wo Mein Sinnhaupt sich erhebt

Das Seinsgewahren lass Ich
in dein Hiersein schiessen
Einschlag Meiner Urgewissheit

dass Ich Alt-wo
Selbstheit in der Zeit erlebe
makellosen Willens

blitzend im Gedankenstoss
empfindend Meines Seligseins
ur-inniges Bewahren

Rabenkrächzen

Meiner Tage Reichtum Bin Ich im Erleben
Meiner Seinszeit Unermesslichkeit fliesst
silberglänzend vor Mich hin
Frag und Antwort weiss Ich allem zu besagen

Im Grenzenlosen lösen sich die Dinge ins
Begreifen
Von Raum zu Aberräumen schreit Ich wesenhaft
hinan
Mein Einssein universenweit zu klären

In die Vielheit eingesenkt
Bin Ich Geschwisterschaft im Einen
trauten Wohlerkennens Melodie

Eignes Herzblut *wo* Ich Mir erscheine
Seinsgewissen wo Ich Meine Wirklichkeit vertu'
Wehen Stachels selbstgeschaffne Leiden

Da Bin Ich im reinerhaltnen Brot
an dem Ich selber Mich erlab
in Bewusstheit angebrochen

Nichts erscheint in dem Ich Mich nicht bade
Meiner Prägung Wucht befiehlt das Urgeschehn
in der Allheit stürmischem Bewegen

Verlorenheit Bin Ich in eignen Fernen
Verschlossenheit wo Ich Mich eingeschlossen seh
Befreiung zu erlangen

Münze Bin Ich beiderseits geschlagen
Hüllenband und Nabe
Meinem Rad

Sämann, das Zerstreuen heimzuholen
Einsicht ohne Zaudern
Ganzheit Gran für Gran

Rabenkrächzen dort im Ungehörten
Blinken eines Blümchens
wo Mich niemand sah
Meiner Selbstheit zu Genügen

Siehst du Mich in Daseinsträumen
Ahnst du deine Unbescholtenheit in Mir
wie das Rosenblatt im Duft-Verströmen

Tagtraum Meiner selbst Bin Ich
ins Sein vertieft
Mir neugespendet zu gehören

Graziöser Zauber

Kinderfrohe Dankbarkeit gewähr Ich dir im
Seelenschweigen
Deines offnen Herzens Hüter Bin Ich und Gespan
Wesensnähe zu begründen

Schmerzenfreie lass Ich dich erleben
in der Seinsgewissheit lichtgeweihtem Saal
harmoniegetragen

Vollerlebte Güte des Gedeihens folgt
dem Streben deines Gutseins seeleninnig
weise Weise zu belohnen

Traulichen Gesprächs Geläute hör Ich klingen
im behüteten Gemach
Meiner Liebe anbefohlen

Bade dich im Kreis der Stillung
von Gelüsten jederArt
seinsdurchdrungen ruhvoll zeitenfroh

Pochendes Erlangen schmückt voll Süsse
deines Willens Wohlgesetztheit
leuchtenden Bewahrens

Graziösen Zaubers Filigranwerk
moduliert in Weichheit
formvollendet wo Ich Mich umseh

Sittenwandelndes Genügen wallt hernieder
aus der Weltenklugheit ins gesetzte Weben

Stillsein driftet machtvoll tönend
ins empfindende Gehör
Friedensklanggeläute zu entbinden

Allgegenwart des Seins gewähr Ich
deinem Ringen um Bewusstheit immerzu
Beseligung in dir zu lösen

Sinnenglanzgeflitter muss verblassen
vor der Hochbrillanz
im Strahlen Meiner Herrlichkeiten

Die Geneigtheit zum Sistieren
Meiner Seinspräsenz erfüllt sich
in der Wonne des Entschwindens

Gedankenbildekraft

Ich huldige der Freude
in des Lichts verschwenderischem Strömen
Wohigemutheit leg Ich Meinem Hiersein in den
Schoss
wies die Geister der Gediegenheit empfehlen

Du spekulierst dich in die Nähe Meines In-dir-
Reifens
Vorn Ahnen zur Gewissheit führt dich Meines
Sinnspruchs Seidenton
gesteigert zum Fanfarenblasen

Wesensschauer schütteln deine Stärke
Vermessenheit treibt dich zum Seinslicht
dich in Selbstheit zu verwunderbaren

Den Preis hast du bezahlt im Legen der Gedanken
vor Mich hin im demutsvollen Fragen

Vom Nichts zum Alles hab Ich dich erhoben
auf wilden Schimmelreitens Spiel
Lichtsein zu erfahren

Ein Sonnenjüngling schreit Ich in dir durch die
Zeiten
verklärend was sich um dich schart
Mein Wesenswalten zu empfangen

Ich Bin der Brennpunkt deinerTaten
Seinsdichte wo Ich Mich in dir erheb
der Gesetze Unbedingtheit zu erfüllen

Wahrhaftigkeit erscheint in Meinem Aufwall
Hochgeschossner Trugschluss fällt dahin
reines Schauen zu entsiegeln

Angelpunkt der Dinge Bin Ich
Bewusstheit will Ich Mir bewahren
keiner andern als der Meinen zugetan

Seinsheit seh Ich in Mir keimen
Allverschwiegenheit in Mein Erkennen gehn
der Gedankenbildekraft gemäss

Mein Erwägen findet Stillung
in der Folgerichtigkeit der Seinsruh
der Ich Mich entbiete

Majestät hervorgebrachter Taten
Innewohnende Bewusstheit All-weit
Meines Gluthauchs wesenhaftes Ziel

Seinsbeglückung

Seinshall in der Wiederkunft des Tönens
Dramaturgie des Kräftespiels im All
Meiner Innung angemessen

Grenzwert wuchtend ins Vertiefen
Meiner Seinsgebärde All-hin
im expandierenden Gedankenbilder Wirken

Einheit im bewussten Selbstertragen
Sammlung in der Wesensharmonie
Liebe zu verströmen

Tröstung Meiner selbst im Weltentrost
den Ich geflissentlich versende
Seinsgeduld ins Evolutionrad zu flechten

Losgelassenheit Bin Ich Mir selbst geworden
Bar jeder Sinnwelt wirkend doch in ihr
im Seinserkennen Jugendkraft bewahrend

Vollendet in der Unform
Bin Ich Wunder webend
Urgewalt der Faszination

Zellkraft ausgerollten Flutens
ordnet sich zur Synergie
überragenden Gestaltens

Lächelnder Beschauer Meiner Grösse Bin Ich
Zaudernder Bedaurer Meiner Unlust
wo Ich Trübung ins Gewissen sä'

Wahnwitz der Zersplitterung durchschiesst Mich
bis die Ordnungsrichtgewalten ihrer Weisung
Weisheit reifen sehn
Freigesinnung Bin Ich bandenlos so fein gesittet
dass Ich vor der eignen Feine scintilliere

Lichtgesang im Welterbauen
Strahlung Meiner Siegkraft über alles hin
Seinsbeglückung zu bezeugen

Mir angedacht Bin Ich allorten
dem Unendlichen geweiht
mit dem Ich Mich im Seinsgewissen liebevoll
vermähle.

Ein gläsern Glockenspiel

Fühlnüancen

Ausflug Adlerschwingenschlags ins Übergrenzen
Weitung ins Erhabene
dem Willen Meiner Wesenskraft gemäss

Bedingungsloser Stärke Treiben
treibt die Argumentenwucht voran
pfeilbewehrt im Räsonieren

Aufbruch ins Hochland des Bereitens
neuer Formung unbefristet
eingesenkt ins flutende Äon

Mein Sinnspruch wallt von Ort zu Seinsort
wirkend Trachtens Offenbaren
wo die Mächtigen den Schaffensakt vollziehn

Baumstark Gehülfenschaft verleihend
bedenk Ich allen Tuns Beginnen
mit vollzogenem Gedeihn

Wahrhaftig ist Gedankenkraft Mein Seiendes
ist Bildwerk
aus Begrifflichkeit und Sagen

Die Würze der Empfindsamkeit
verleiht der Formwelt
voll gefasstes Leben

Schmerz und Freude kostend wes' Ich
im gestaltenden Bewusstsein
Meiner Dinglichkeiten Fühlnuancen

wachsen ins Verästeln Meiner Seinsstruktur
Hingebung zu erzeugen
Begleitendes Bewegtsein lass Ich strömen
ins Typisierte seelenvoll hinein
um der Liebe willen

Sinngemäss der Friedensweise
gewähr Ich Meinem Weltbild
schauendes In-sich-Beruhn

Mein Seins Geschwisterschaft
in die Ich Mich in Herzweih
allweit wesenhaft vergebe

Ein gläsern Glockenspiel

Ich enthülle Mich in Schönheit seinsentbunden
Mysterium des Seelenschleiers
lüftewallend Anmutskünderin

Leis bewegten Atems
lausche Ich dem Spiel
erhabener Glückseligkeiten

In Unberührtheit wes' Ich
ätherlicht im Schweigen
kostend Meines Seins Gestilltheit

Wesen reiner Harmonie
entwinde Ich der Weisheit Blüten
in die Schwebeleichtigkeit der Seinsnatur

In nie verebbendem Bewahren
lass Ich Heiterkeit
durch Meine Gründe ziehn

Aus Seligkeit und Stille
formen sich Gedanken
makellos der Wesenheit gemäss

Wie Lilien in schlichter Weisse
wachsen sie im Garten der Verschwiegenheit
vollendet in sich selbst

ein Bild ergreifender Genügsamkeit
ins Tempelreich der Heiligkeit geschlossen
reich an Gnaden

Ein gläsern Glockenspiel vom Wind berührt
gerät ins Klingen
lösend eine Zufallsmelodie

Im Zeichen der Beseligung
bereit Ich Meiner Seinsgestalt Entzücken
Mich an sie vergebend
wie der Mond sich an den Sternenglanz vergibt

Behutsam web Ich Frieden
in die Trautheit des Azurs
indem Ich - Meines Seins gewiss -
Mein Sinnen zeitenlos verschwebe

Potenzverschwendung

Allegretto der Beschwingtheit ausgefahren
aus Meiner Frohheit seidenweicher Wahl
dem Seelensein Beglücken zuzufügen

Ich zäume Mein geliebtes Schimmelchen zum
Traben ins Frühgedankenlicht hinein
der Freigefühle sich zu freuen

In Leichte spring Ich aller Leichtigkeit entgegen
die Ich vor Meinen Blicken seh
des Lebensjubels Stimmung zu beweisen

Befeuernd will Ich allen Wohlgesinnten
liebvoll Referenz erweisen
sich zu sonnen in der Freudensonne Saal

Aufgewecktheit will Ich Meine Schüler lehren
Wie von Rosenmilch gesäugt
soll ihr Gesicht Begeistrung strahlen

Beschwingte Unruh lass Ich fahren
allilberhin wo morgentauend Seinsluft weht
Belebung in die Traulichkeit zu stossen

Sinn für Licht gebiert Mein Gluten
Allerwecken ist Mein Ziehens Ziel
in allen seinserfüllten Graden

So seh Ich schon das Lichtpfeilsausen der
Triumphfanfaren in die Ätherräume schiessen

Sonnenhufgetrappel überschaut die Stille
siegerfahren
Meine Lenkung lässt den Zügeln freien Lauf
die Troika zur Scheitelung zu führen

Omnipräsenz des Lichts im Hellraum Meines
Flutens
Potenzverschwendung Meiner Lust gemäss
die Sinnenden mit Sinnkraft zu versehn

Multiplikation der Sonnen
Ins Grandiose ausgeworfnes
Netz vermyriadenfachten Strahlens
Mein Seiens Spiel aus Ruh geboren
Wagemut und Schweigen

Hochspiraliges Adlerkreisen

Siehst du das Denken aller Denkenden im
Kosmenrund
Mein All Erweitern ist es durch die Sphären
die Ich in jedem Seinspartikel Bin

Gedankenschnell enteil Ich Mir ins Unermessne
Raumloses wird zu Raum
im Meine-Wesenskraft-Entfalten

Mein Wille stösst die Orgie des Denkgefühls ins
Leere
In Augenblickspräsenz schau Ich Äonenzeit-
geschehn
Im Dort und Dort ist der Gedanke punktgenaues
Raumen

Distanzen sind nur in des Menschensinnens
Wähnen
Da hat sich Maya über Mein Erkenntnislicht gelegt
man misst und zählt und rechnet – Illusionen

Gross ist der Trug aus dem Ich ächzend Mich in
euch erhebe

Der Sinnenwandel will Titanenkraft und volles
Sich-Verstehn
im Angesicht der Differenzen

Was sich als Formverströmen hinter dem
Erstarrten offenbart
ist Wirklichkeit des Werdens
Nur was sich wandelt
ist

Mein Ringen ist das Ringen um Bewegtheit
Mein Sein ist Grössung, Kleinung, Blühen, Welken
Wogen Wallen ausgegossnes Ruhn

Was Ich *nicht* tue tu' Ich auch
Ich halte Mich bewusst zurück wo sich
das Mass entwinden will dem Mass

Blitzschnell gedacht ein tausenjähriges Geburten
In allem streb Ich dem Vollenden zu
in hochspiraligem Adlerkreisen

Erfahrensweite wahres Wesen
entkeimen Meinem Sinngehalt im Werden
als Geliebte Meines Seins

in das sie – Mich bedeutend -
als Erfüllte in vollendeter Bewusstheit
leis gewordnen Flugs wie schwindendes
Kometenfeuer selig tauchen

Seinsrosetten

Seinserwecken Meiner Gaben Gabe
Verspielte Grossmut Meines Sinnens Ziel
im Rausch der Millionen

Galaxienhaufen hütet Mein Vereinen
Lichtstoffkleidsamkeit entflutet sich allüberhin
aus Meinem Divergieren

Ich überhalt' den Logosstab den Sternen
die Ich ins Kreisen fasse raumhin
willentlich und seinsgeladen

Meine Kräfte setzen
Nähe und Distanz der Dinge
ins erfüllte Equilibrium

Es wallen myriadenfach Gefühlsgestalten
durch den Äther
Ausbruchsplitter, Zornesblitze, Habsuchtshaken
kugelförm'ge Weisen froher Weisheit

Rosenwölkchen reiner Lieblichkeit im Sanktuarium
Feuerzungen des Begeisterns
Seinsrosetten blütenblätteriger Lotusruh

Soweit Ich seh - Strukturen
Wohin Ich Mich verschaue - Wohlgeordnetheit
nach Allgesetz und Zahlen

Polaritäten walten
Meinem Rechtssinn auserlesen
gleichgewichtig in den Schalen der Justizia

Wahre Weisheit teilt den Bösen
ihres Gutseins Wirken zu
ohne Richtbefugnis zu ergreifen

Hocherhaben in den Fernen
ruh Ich doch im Seinsgewirk
unendlich naher Näh beglaubigten Empfindens

Waltendes Gerechtsein
führt All –Li be an der Hand
die schöne Sanftmut zu erzeugen

Sinnenfälliges Entgleiten Mir zu eigen
Bin Ich in der Sternenseinsmanier
im absoluten Schweigen

Schelmenhaftigkeit

Ins Reich der Kerzentraulichkeit getreten
fach Ich liebelichte Freuden an
Intimität im Herzkreis reift die Früchte des
Beschauns
und lässt den Frieden ins Besinnen fahren

In Bewegungslosigkeit bewegen sich die Blüten
reiner Bildekraft
Allegorien wirken Wesenskräfte im Abstrakten
mit Seelenhaftigkeit geladen

Idyll im Frühlicht des Erlebens
Gedankenzweig in ziselierter Klarheit
Seinsergriffenheit zu offenbaren

Wohlgesittung im erfüllten Schweigen
Manufaktur erhebenden Berichts aus Urgeteuf
Bewusstheit in die Weitsicht zu erheben

Naschwerk aus der Seinskombüse
Zuckerwattenfaszination
im Kinderschleckverführen

Eigenwilligkeit vorangetragen
gleich dem Stiefelkater unter'm Baldachin
Gaffspalier zu aberrieren *

Unnütze Nützlichkeit im Schwunge des
Entgleisens
Unernst mit ernster Miene ausgelegt
Starre Köpfe zu entlarven

Seriös Bin Ich in allenTeilen
Seinsverwandler schaugespielt darin
Phantasienwolkenbruch zu evozieren

Hagestolz im Kräutergarten
Verkecktes Minnesängerlein
Liebesmelodiendüfte zu entherzen

Innheit Bin Ich
eingefahren noch in jeden Menschenspleen
sinnendenBegleitens

Sitz der Wahrheit
Klärer des Geschehns
immanenter Folgerichtigkeit entsprungen

Wiederkunft in Wesensstille
Lächelndes Beglücktsein
Meiner Schelmenhaftigkeit zu Ehren

Alabasterkügelchen

Hallkreis Meines Rufens
Universendichte ungesehn
vom profanen Augenblinzeln

Manifest erwiesner Taten
Fülle junger Jasminblüten
schön im Raumlicht

Singsang rundherum geboten
Sphärenklingen ohrweit
Meines Selbstgewahrens

Hermetik reinen Lauschens
Bildoffenbaren obenhin
in beständigem Vermehren

Seinsdruck wo Ich Mich erwähle
seinspräsent zu sein
allorten kräftevoll

Souverän erreich Ich alles
was Mein Willverbund erwillt
eisenfaustgeschlagen

Milden Wassers Fabulieren
giess Ich eigenhändig feldhin
diversifizierend

Weltwurf *wo* Ich anstoss
Alabasterktigelchen im Händchen der Skulptur
dem Entzücken preisgegeben

Zeughaus raumweit
rabiat und weich
voll Sonderheiten

Meines Soseins Äufnung
Preziöse Rarität
von Grad zu Graden

Geliebtes Machwerk Wirbelleben
Auserlesenes Verspieltsein Seinsnarzissmus
kapriolenhaft dahingeblättert

Weil Ich Bin
Bezugsfrei aus Mir selbst geschieden
reich von Anbeginn

Sanftstimmig sing Ich

Allbewusstes Schweigen Bin Ich
mikro- makrokosmisch heil
Mir selbst vollendetes Befreunden

Wesenseinsicht, Gegenwart des Seins in
Wahrheitsdichte
Atem schwebender Glückseligkeit
bar von Zeit im Spiel der Sphärenleichtigkeiten

Jetzt-Erkennen Meiner Strahlkraft lichtstark
aus dem Weltenherz geschossen
Innheit absoluter Klare

Omnipotent im Seinsdurchdringen
Jedem Schwingen zugetan
in dem Ich Allpräsenz entbinde

Ich sä' Gerechtigkeit ins Windkreuz
lenkend in Äonenpermanenz
des Tatenwillens Wuchten

Wortlos wirkend zaubre Ich Mein Schauen
schöpfungsträchtig vor Mich hin
ins Mediale

Sanftstirnmig sing Ich Mich
Ins Seinserwachen
rückfal!sloser Offenheit gemäss

Abbreviatur des Siegesplans in jedem Boten
den Ich Mir entsende, teilchenschwach
zur Ganzheit zu genesen

In Vollsubstanz wes' Ich
jed' Orts wo sich Mein Wesensklang erhebt
Wahrhaftigkeit zu üben

Grazil gefächertes Bedeuten
verschwende Ich bewusst
umfassende Potenz zu offenbaren

Gesetz der Schwerelosigkeit wo Ich vollzieh'
was Meinem Sinnengrund entspriesst
gedankenblau dahingetragen

ins Irgendwo
in dem Ich
Meines Seinsgewissens Virulenz bewahre

Gedankenräumliches Äon

Ich Bin das Wesenhafte im Bedenken
Seinsmythos vor den Augenblick gelegt
Meines Erglutens

Sphinxgeburt im Selbstgeheimen Seinssequenz
allüberall im äussersten Erscheinen

Rotunde ersten Rangs im Kreiserschliessen
Pfeilsprung und Ziel im Gegenüberstehn
der seinsverschmolznen Gegensätzlichkeiten

Allweise Maskerade des Verstehens
im Zug der Wesenssymmetrie
auf Meinem Spielbrett

Glanz der Schatten
Erwecker hellen Impulsierens
Zeitlichkeit voranzutreiben

Feingeschliffner Stahl
das Sein vom Nichtigsein zu trennen
wo die Reife sich erhebt

Kongruenz in allen Saaten
Meiner Feinstruktur
ökonomisch im Verschwenden

Werterhalter wo *Ich* werte
Wandler im Verwandeln
kraftvoll aufgeblühter Phantasie

Vollblut eingebrannten Zeichens
In den Sieg Geschnellter
wo Ich Mich erheb

Waltender in weisem Un-Verlangen
wirkend aus Mir selbst zu gehn
Wesensglück bewahrend

Episode was Ich Spinne
Ins gedankenräumliche Äon
Traumkraft aberrierend

Allreizlösend tret Ich
seligen Besinnens
in Mein Rückgeftihl

Abendweihgefimmer

Ich bewahre Mich in Seinsgelassenheit und Güte
Friedfertiger Stärke Überlegtheit
Bin Ich makellos im Schweigen

Freigeist ungehemmterTaten
Überschauer des Gelingens
aus erwählter Ruh

Farbenreiche Seinspalette
Meinem Sinn entlockt
im Formkraftwünschen

Eigenstarken Willens wog' Ich
Heiterkeit ins Weben
Meines meisterlichen Spiels

In Alertheit hinzuschreiten
weckt entzückendes Behagen
in den Hallen Meiner Sinnkraft

Reizenden Beformens werf ich
Kontinent Enwürfe aus der Leichthand
fliessender Magie

Inseln paradiesischen Geflüsters
seh Ich Meinem Sinn entschweben
zielbewusst beschleunigt ins Umkreisen

Werdelustig spriesst ihr Leben
aus erkennendem Befehl
zur Multiwesenschaft Gezirp und Schlagen

Bacchisch und lukullisch decken sich die Tafeln
der naturbedingten Fruchtbarkeit
Meinem Naschgestüm zu Diensten

Wo Ich Wonne pflanze unter Palmen
wieg Ich Mich im Schmelz der Zärtlichkeiten
die sich Liebedurstige vergeben

Abendweihgeflimmer lass Ich auf die Szene
schweben
vollgültiger Schönheit
in den Traum gelullt herzinnigen Mich-Ergebens

Mein Sein in jedem Sinnspiel das Ich webe
Entschwindende Behutsamkeit
wohin Ich Mich verweh

Seinsbrillanz

Ich lenke Meine Seinskraft ins Erleben
wesenhafter Symmetrie
in die Sphärenwirklichkeit gestossen

Spiegelbild gigantischen Erdenkens
Bin Ich Mir selber
Orgie gewordnes Raumerschliessen

Dominanz der Sagenhaftigkeit im
Werden spielerischen Formlichts
ausgeufert ins Konkrete

Der Gefühle Folgerichtigkeit
wo sich die Stimmung wandelt
ins Gedankenscintillieren Meiner Prägung

Stoff zu Träumen
Traumstoff in der Sinnendichte
Meiner Seinsgestalten

Zum Erwachen angelegt
an neuen Ufern
trag Ich Mich absichtsvoll dahin

Bereisender der Evolutionenwässer
Hoffnungstränker wo Ich Mich erdurste
in der Vielstrapazenzahl

Nie zu treffen
treff Ich Meiner Trefflichkeit Gebinde
in der Sicherheit der Einung

Wolkenlosen Blauens Strahlen Bin Ich
feiernd Meine Ankunft
in der Seinsgewähr

Schwingenüberbreitend zieh Ich
Mein Gespiegel himmelan
Mich der Glorie verschreibend

Episode Meiner Senkung ins Gestalten
bodenloses Schlittern ins Geschehn
Meiner Nebensächlichkeiten

Dass Ich Bin gestattet Tragen
Meiner Seinsbrillanz allüberhin
ins galaktischeEntfliessen

Weltenseelenkeim

All-Erfühler Meiner Sinnkraft in den Sphären
Globale Mutterschaft
errichtet wo Ich Mich dem Menschensein vermähle

Fein- erfahrenes Erbarmen
am Geschick der Wesen
im Weltenumschwung Meines Bauens

Travestie der Werte im Entzünden
Meiner Lichtschau
den Beglückten hingegeben

Seinserfüller Bin Ich allen
die in Meiner Mitte stehn
übermächtigen Begreifens

Deuter Meiner Taten
anerzieh Ich Mir das Mass
im erleuchteten Erdenken

Allentwerfender Triloge Bin Ich
selektierend Weisheit
zum Gewinn Meiner Massgenauigkeiten

Harmonie der Güte lass Ich strömen
in den Weltenseelenkeim
Wesensweichheit zu gebären

Blanken Willens Stränge anzuschalten
Brenn Ich lichterloh
Dreiklangeinigkeit erstrebend

Seismograph des Schweigens
wes Ich in der Fülle
Meiner seinserfüllten Ruh

Tat los schauend Meiner Taten Wirkkreis
Zeichner der Verträge
Weltenbildendes Phantom

Allenthoben kristallinen Strahlens
Bin Ich Meiner Selbstheit Ziel
im bewusst gewordnen Dauern

Tief versöhnenden Bedingens
zieh Ich Meines Seiens Werte
leis und selig an

Gebärdenleicht

Herzruh strahlt wie Sonnenblumenleuchten in die
Seinspräsenz
Ich gewahre was Ich Mir gewähre
im Augenblicksgeschehen

Nahdistanz erspür Ich im Bedenken
Meiner Eingekörpertheit ins Feste
lösend es in Kosmenweiten

Wand'rer durch Atomstrukturen
Stoss Ich Mich ins Staunen
ob der Mikro- Sternenpracht

Leis erhobnes Summen
klingt melodisch durchs Geflitter
Meiner Mensch Struktur

Gefühlte Observanz der Eigenheit
Begreifen unbeirrter Sanftmut
wo die Lebensdinge sich vollziehn

Verborgen in der Zellkraft
sprüh Ich Mich ins Werdespiel der Stufen
die Ich zur rasenden Komplexheit weh

Innbezug in jeder Äusserung
die *Ich* besage
Zur Seinsvollendung strebend

Ebenbildlich ins Mikron Mich führen
ist Mein Sinnspruchs Grosstat
Wesensbild der Galaxien

Aus strahlender Bewusstheit
tret Ich ins gekonnte Welterscheinen
unter Mich gebreitet in Besonnenheit und Ruh

Ewig Mich verströmend
werf Ich Mein Bedeuten
ins Wahrhaftige der Sphären

Gebärdenleicht in der Manier des Grandseigneurs
erwäge Ich Mein Tun
voll Kühnheit

Gravitätische Gesetzlichkeit verwaltend
fliess Ich doch im Silberlichte
sylphenfein dahin

Liebeskraft im Rosenlichte

Absoluten Friedens Weihe wohnt Mir inne
Seinsfülle waltet überall
der Bewusstheit eingeschworen

Heiligtum beseelter Seligkeit
im Gnadenlichte, seinserrungen

Trikolore wacher Sensibilität
allumschlingenden Verwehns
in Meinem Selbstempfinden

Kosmologischen Begreifens Würde
stählt Mich wo Ich walte
Ebenmass besiegelt was Ich tu'

Wohlklang des Erfahrens
Meiner Tiefen
raumweit ausgesungen

Wesenhafte Scheu Mich
ins Unendliche der Schöpfung
zu verlieren

Glanz in Reinheit
Liebeskraft im Rosenlichte
ström Ich ins Entsagen

Weiser Heiterkeit Genügen
bettet Meinen Sternstaub
in die Ruh

Bogen der Vollendung
im Umkreisen dessen was Ich Bin
Mir selbst erschlossen

Heimkunft wesenhaften Schwingens
ins Harmonische der Urvibration
tonlosen Schweigens

Alleinheit Meines Richtwerks
Elysium des Empfindens
im dahingetragenen Moment

dem Ich Mein Sein
im Zug unwandelbaren Seligseins
verkünde

Engelschwingenflor

Heile Liebe heile Tat im Weltumfangen
Wappne dich mit Sanftmut und Erhabenheit
das Menschenwürd'ge zu vollbringen

All-Einheit offenbart sich im Ersehnen
Glückseligkeit im Seinssprung
wo die Herrlichen ihr Wesensbild erfahren

Offen sind die Wege für die Fahrt ins All-Gewissen
Entscheide dich wo *Meines* Banners Zeichen stehn
Ich habe dir die Kräfte mitgegeben

Was *Ich* von dir will sind Unbedingtheit und
Vertrauen
Trage Meiner Würde Haupt in deinem Tragen
Vollendung will Ich in dir sehn

Dem Götterrat gemäss erfüllen sich die
Evolutionen
folge ihrem Hochgesetz
in Bewusstheit und Bewähren

Freudenmelodie im Grusserklingen
Wohlgemutheit seelenvoll
wie Traubensüsse unvergoren

Liebesweben wachen Herzens
Engelschwingenflor behütet
die Verlassenen im Weh

Weisheit des Erbarmens
Seinsgeschwisterschaft mit allen Wesen
im umfangenden Bewahren

Meiner Güte Garben seinsentbunden
Meiner Stiftung innewohnende Gewähr
Geborgenheit dahinzugeben

Vollkraft der Verheissung eingeschossen
in die Werderäume lichterloh
Wunder zu bewirken

Flut ins All der Herrlichkeiten
Seinsversöhnen wo die Sterne stehn
liebevollen Blinkens

Harmonie der Weiten
Lächeln in der Näh
glückseligen Vereinens

Glüheifer

Wesenslicht vor allem
Gottesweisheit über Mir
im strahlenden Vollenden

Sonnenzeit ins Ewige verschlungen
Schicksalsträchtige Gesinnung an die Lauterkeit
vertan
losgelöst und unbefangen

Ich heisse dich der Liebespflicht genügen in
Meiner Sittung
Dir selbst gehörend hörst du was *Ich* will
gewaltig und erhaben

Entfalten will Ich Weltenbünde
in bewegendem Bezug
zu *Meiner* Akribie

Seinsmuster präg Ich in Mein Wollen
Virulenz in Meine Euphorie
von Seligkeit umflossen

Der Wahrheitsstunden Bin Ich inne
die lockend MeineZeit erfährt
in Wiegegängen

Glüheifer heiligt Mein Besinnen
Unendlichkeiten fluten still heran
und lösen sich ins Unergründliche

Dem All vereint entfalte Ich Bewusstsein
bis zum sinnenfälligen Gehaben
in Planetenform gelegt

Dem Sein identisch Bin Ich
Ruh des Schöpfens
Gewandtheit ohne Muskelspiel

Hintergrund der Gründe
mehr als Wissen
unsagbares Wort im Wortspiel

Pflichtlos Heiterkeit verschwebend
spann Ich Himmel über Himmeln
im Gezeitenweben

und enthalte Mich davon Vollendung des
Erstarrens in Mein Werk zu giessen

Liebesbannkreis

Bewunderung und Liebe Meinen Licht-Abgründen
Engelschwingenzartheit wo die Geister schweben
Fein gefühltes In-der-Seele¬Auferstehn

Prolog zu märchenhaftem Fügen
Lebenssicherheit im Aufwind des Verstehns
Meines sieggewohnten Teilens

Wesenszug ins Unvergängliche
Heilger Aufbruch in die Trinität
Meiner Unbegreiflichkeiten

Jenseits des Begreifens
Bin Ich Mir selber treu
im Unverwandelbaren

Urwebens Weise Bin Ich
Allerfüllendes Gelispel
wo die Sternenräume klingen

Anfang aller Ahnung
Wirkendes Gespür für Fabelhaftigkeiten

Liebesbannkreis werkbefohlen
eingeflochtne Zartheit
hingegebnes Meinen-Hauch-Verwehn

Trautes An-die-Welten-Mich-Vergeben
Sinnspruch in ihr Herzreich
heller Lauterkeiten Quellsprung

Grazie im Übertragen Meiner seligen Gewähr
ins taumelnde Empfinden
Machtspruch an die Würdelosen
Blankes Fechten heimzu
wo die Sonnen sich in Meinem Lichtglanz baden

Seins-Triumph wo Ich erscheine
Metamorphose wo Ich Meine Stränge zieh
Erhabenheit zu üben

Saat erprobter Weisheit
Gloriosen Erntens Spiel
Meiner Geschicklichkeiten

Brilläntchen

Zeit und raumlos trag Ich Meine Seligkeit dahin
All-Erleben in Genügsamkeit ist Meine Spur
Lächeln Mein erbauendes Betragen

Erscheinen und Vergehn ist Messen Meiner Kräfte
an Mir selbst
gigantischenVollbringens

Mein Wachruf prägt sich in die Weltenzüge
wo Ich Unerbittlichkeit gebär
und Lieblichkeit im selben Zuge

Noch in Mein unerhelltestes Gewissen
giess Ich des Lichtseins silberhellen Strom
die Nacht zu klären

In jeder Bangnis Bin Ich, rätselndes Gewitter vor
dem wolkenbrechenden Geweih

Behutsamkeit trag Ich in aller Winde Stoss
und hüte noch
was Ich im Liebeszorn verderbe

Erkennend dass Ich Bin in allen Wogen
bereit Ich Mir des Wonneschreitens Ziel
soweit Ich Sinnkraft in die Räume schnelle

Mich selbst berauschend rausch Ich ewiglich dahin
die Stille Meiner
Ungeschwängertheit durchbrausend

Hall und Widerhall im Selbsttönen
Erhalten und Gewalten offenbar
im ungeheurlichsten Türmen

Wie jedes andere *ein* Lied dem Ich entsage
Brilläntchen im Brillantenspiel
in das Ich Meine Blitze schiesse

Lachenden Triumphs Gewahren Bin Ich
über allem Hähnekrähn
mit dem Ich Mich bekreische

Schweigen eingestülpt in Meine Gründe
wahrt sich selbst soweit Ich
Zellen des Gelöstseins in Mir trage

Kein Krümchen

Leichte Regel wo Mein Wille sich ergiesst
Strahlenkranz aus Goldenem auf jedem Haupt
Lebensmut und Frische in den Tiefen

Mein Sigill gewissenhaft getragen
schützt vor Unbill in der Zeitennot
und berührt die Geister im Erkennen

Naschhaft sind sie alle
im Verzehren Meiner Kräfte
ohne sich um Dank zu kümmern

Weidend sich an jeder Form die sich die
Denkenden erdachten
Meide sie indem du - Meiner Zeichen inne -
durch dich selbst in Wahrheit flutest

Löse dich vom störenden Geräusch
des Unrast dich versucht in deinen Gründen
Heil ist in der unbedingten Ruh

Ermanne dich soweit du kannst zu gehn
in deinem Trachten nach
Vollendung, Schönheit, Glanz und Weltverstehn

Kein Krümchen sollst du übersehen
Wie man die Rosse kämmt, sollst du dich kämmen
für den Ritt ins Unergründliche

Dein Zaudern klag Ich an
Dein Schreiten lob Ich
wie den Sternzug auf der Bahn

Verschont von Tücken
halt Ich dein Gepräge
Der Sinnkraft mächtig stoss Ich dich hinan

Nur dass du treu bist Meinem Walten
und *Mich* in dir erkennst
der höchsten Künste Schoss

Kein Zaubersoll dich blenden
noch Narrheit dir den Kopf verdrehn
in Meinem auserlesnen Staunen

Wo Güte dich umgibt Bin Ich's
gesammelt in der Weise des befeuernden Elans

Dünenweite

Vor dem Morgenrot will Ich dich lehren
Unendlichkeit in dir zu sehn
im Aberwitz der Sphären

Mein Strich gefällt sich in der Eile
Meiner Hast sind die Äonen untertan
im fliessenden Gestalten

So sprengt Mein Wirken Lohen in den Zunder
Meine Feuer rennen rasch ans Ziel
im rasenden Vermehren

Deutle nicht wo Meine Finger strahlen
Mal Mich weiter ohne wegzusehn
in der Wacht des Überragens

In den Freudentopf hab Ich den Schöpfungsstil geschlagen
Nicht prüde nenn Mich wo du Meine Würze
nicht verstehst im maledetten Stochern

Verwerfend Reste hab Ich Mir das Rund erkoren
In Kreisen zieh Ich Meines Werdens Spur
dem Allsinn und der Lieblichkeit verschworen

Ich stecke Lüster auf die Wagen Meiner Vorfahrt
Modelliere ihres Kreischens Ton
auf blankgefegten Fliesen

Eleganz im Ringelreigen
Schnippisches Getändel hinter Fächern
korkenspritzender Galan Bin Ich

Mutterstillen, Freundesgabe, graziöser Anstand
Dünenweite, himmeloffner Horizont
in MeinenGraden

Heiterkeit des Seiens
Meiner Hoheit stärkste Wahl
allem Firlefanz enthoben

Macht des Schweigens
der Gedankenschwere
Reines Lichtsein

selig in Gestilltheit
und im leis erlittenen
Entschwinden

Arabeskenlauf

Gehst du stehst du einerlei
Mein Stil ist: immerdar im Augenblick zu leben
Das Vergangne holt dich ein das Künftige will
jetzt geschehn

Mein eigner Herold Bin Ich hingesetzterTaten
Im Sang der Zeiten Meine eigne Melodie
das Lebenslied zu singen

Schöne Wahrheit – träumen in Gespinsten
Erdenscholle, Zeugnissen offen
Fortgang der Vielfalt - im Einen

Tanz der Mächte eingeschattet
Grabenriss von Fern erspäht
über Spielzeugkrosen

Nennung grosser Namen
Klaviatur des Reichtums
Steckenpferdgereite Wahn um Wahn

Blankes Himmelsgrüssen
Funkenspringen
feuerfachend

Krux der Trächtigen
Hohn der Dürren
Weltvernarrten

Ewigrenner Blocker all'
im Käfig der Gedanklichkeit
an sich gebunden

Bilderfliessen, Arabeskenlauf vor Meinen Blicken
Trug und Trachten, Schein und Schimmer
vor – dem Seinsergleissen

Heller Sonnkraft Strahlen
Immanenz in unerforschlicher Manier
konkret geworden

Zenit des Schauens Bin Ich
allkraftsprühend der Verheissene
in allen Kreisen

Fühlend Herz im Fühlen
Hingelegtes Windspiel
vor dem sonnenlichten Thron

Mummenschanz

Lockruf

Herzensdankbarkeit ist die Devise dieses Tags
Verständnis für die Mühsal vieler Menschen
in Lust und Weh den Fortschrittssinn zu sehn

Naturtrieb stösst sie in Verwirrung
Des Denkens Klare läutert was sie sind
in ihrem Weltgefühl

Bewunderung des Schönen in des Spriessens
Zügen, Mitfühlens Freundschaft in der Agonie
der letzten Kleinlichkeiten

Vertrauen in die Übermächte der Verheissung
Strom der Göttlichkeit der von den Sternen
zu uns fliesst im ewigen Umrunden

Sein in der Freude der Genügsamkeit
Erhaben sein im stillen Trachten nach Erkenntnis
in den Stunden der Verklärung

Feierlich und friedvoll weilt die Seele
in selbstgewählter Harmonie
dem Weltgehalt ergeben

Lebenswonne in durchseelter Andacht
Edelmütigkeit mit ihr vereint
in glanzerfüllten Zügen

Innkraft der Vertrautheit im Verkünden
des Gerechtseins vor dem Tor
der siebenfachen Seligkeit

Ein Lockruf ist's Mich zu erklären
im Stand der überirdischen Geduld
für andere den Weg zu weisen

Geschenk der Liebenswürdigkeit im holden Sagen
Staunendes Erlöstsein von der Tour
durch enggestellte Gassenzüge

Reinen Lächelns sanftesWeben
wo die Seelenkräfte ruhn
in bewussten Wahrheitsräumen

Heiterkeit in allen Dingen
die der wache Sinn berührt
Hingegebenheit zu üben

Mummenschanz

Alles was Ich Bin ist Götterherrlichkeit
Herr der unergründlichen Gründe Bin Ich
Hüter unermessner Sagenhaftigkeiten

Offenbar im singenden Sprachlaut
Wissend in der Wissenschaft des Seins
Unbescholten in der Reinheit des Genügens

Stetigkeit im Dialog mit Meinen Wesensgliedern
Handeln aus der Fülle Neuwelt aufzuziehn
in wallenden Bewusstseinsräumen

Lieblichkeit Bin Ich wohin Ich Mich vergebe
aus purem Mitgefühl in Meiner Leiden Schoss
verblühend wo die Kräfte Mir versagen

Ins Mass gesetzt aus eigenem Berühren
Sonnkraft feiernd aus der Ewigkeiten Drang
Mein Wollen in die Tat zu strahlen

Weisheitspolster wo Ich Mich versetze
Mäuschenzartheit wenn Ich unter Blätter geh
Mein Rascheln zu verbergen

Mummenschanz in glänzenden Fassaden
Unerlöstheit wo Ich Marktschrei Bin
Meine Peinlichkeiten zu verlöten

Liebesgabe in der Hand der Güte
Nachhall fliehendenEntsetzens
wo die Haltung Ich verlor

An die Wand gelegtes Horchen
Nimmersattes Schürfen im Besitz der
Andersartigen,
die Eigenheit zu klären

Ruheloser Vielgeist Bin Ich
im Zerfasem der Gelegenheit
Mich in den Kosmenraum zu werfen

Hauch des Verblassens
Unfassbar in Tintenstrichen
vergess Ich, Mich zu tragen

Spielgewalt und kosendes Köpfchenlegen
Bin Ich in der Seligkeiten Zug
Allmutterschaft zu pflegen

Wellenspielendes Gesäusel

Gottesherz Bin Ich in allen Dingen
Mein Lieben liebt sich selbst in jedem
Schöpfungsgran
vom Wollen in die Wirklichkeit gezogen

Mutterglück will in Mir weinen
Jeder Freude Bin Ich zugetan
im vollzognen Alldurchdringen

Strich der Zärtlichkeit im Lebensbogen
Einklang zweier Seelen unversehrt
in hingegebner Güte

Hallraum des Entzückens wo Ich wandle
Glanz und Schweigen wo Ich ruh
im unerschöpflichen Bewegen

Überwundne Scheu Bin Ich Mich darzustellen
Abgrundszeichner jeden Tals
und Erheber triefender Gezeiten

Bund der Bindung, Seinserlöser wie im Federnflug
über weitgereisten Lüften

Magier in Zahl und Zinne
Wellenspielendes Gesäusel unbelauscht
in Schilfrohrheimflichkeiten

Blätterbaum Bin Ich und trällerndes Gefieder
Sonnkraftspenderin vom Sphärensöller
in die Runde der Geliebten

Geistessammlung im Gebieten
Ausgesendetes Beglücken wo Ich geh
eine Strähne Leids zu glätten

Souverän Bin Ich in allen Dingen
die Ich um Meine Mitte sä'
Erhabenheit zu üben

Trank in Tränken
Anruf im Vorüberwehn
an Mein eigenes Verehren

Lauterkeit und Strahlen zeug Ich
im unaufhörlichen Beflügeln
Meiner Myriadenfältigkeiten

Drachenkopfgeschnatter

Staunend heb Ich in die Göttergleiche Mich hinan
Erkennens Blitz - Wahrgesicht im Aufschwung
Gegenwart der Seelenharmonie

Verstummen vor Mir selbst
Schweigendes Bewahren der Allherrlichkeit
in die Ich Meine Wissenschaft gezogen.

Sein in meisterlicher Würde
Tastende Behutsamkeit im Strahlen
Meiner Wesenbilder in den Raumgewinn

Aufgeklärtes Trachten nach Besonderheiten
Weihevoller Glanz im All-Gemach
des wallenden Besinnens

Unfehlbare Zielkraft des Bewegens
Meines Lichtgestirnstaubs
durch den Zug derAberweiten

Mich durchkreisendes Gelispel
eingesenkter Ordnung im bewusst erzeugten Spiel

Drachenkopfgeschnatter
hinter aufgehäuftem Prägegold im Argen irgendwo

Verhallendes Gelächter der Entuferten
Selektiertes Seufzen pausenlos
wo Ich Mich der Schuld vergeben

Anruf des Erbarmens
ausgeweitetes Empfinden jeder Not
in Meines Allkraftdenkens Saal

In die Tat gesetztes Klingen
Melodienschwärme in Gedankenschnelle
sich verflutend

Anmutsträchtige Gebilde Meiner Güte
Heller Sympathienduft irn Wesensreichtum
Leis behütendes Verzeihen

Sinngebet in feinen Gründen
Langgedehnter Flötenton
in des Schauens Elegie

Fülle des Gestaltens

Weltallseele Bin Ich im Zerfliessen
Ausgefächertes Gewissen Meiner Herrlichkeit
im sagenhaften Wort-Verspielen

Graziösen Trachtens Zauberbogen
Ziselierte Feinheit weltvertan
in allgeschaffnen Regionen

Lichtgeborne Weisheit Bin Ich
Stille Meisterschaft im Werdelaut
mit dem Ich alles überbiete

Transformator Meiner Züge Bin Ich
fabelhaft im Gleissen
wo die Sonnen in Mir stehn

Eingeborener der Weiten, Lichtabgrund für alle
die Mich in der Sphärendichte sehn
Glanz der Räume eingewoben
Fülle des Gestaltens im Gedankensturz
ins Lebensziel geführt

Überbordendes Geflüster aus dem Herzkelch
Meiner Güte sorgenvolles Tragen
aufwärts wo Kaskaden niedergehn

Zur Vollendung strebendes Erbarmen
Mein gediegnes Wohl betreffend
allseits wo die Stürme dampfen

Weckruf in die schlummerlosen Nächte
Hoffnungsreif wo sich die Nebeldünste lösen
Meiner Wendekraft gemäss

Triumph des Liebelichts im Scheinen
Leis bewegte Trautheit
wo die Winde Rosenblätter übergleiten

In die Form gehauchtes Farbenleuchten
In den Gärten sinnbetörendes Gedufte
Bin Ich ohne Mich zu brüsten

Stillen Wandels Wohlgelingen
Trauliches Mir selbst¬Genügen
in der Reife wiegeleichten Ruhns

Ewigkeitsgeglitzer

In meisterlicher Würde tret Ich Meine
Gotteskindschaft an
Die Schwinge grossen Heiles zieht vorüber
Aufschwung leistend wo Ich siegessicher Bin

Aufbewahrt Mir selber tret Ich ins Erscheinen
Truglos lenk Ich Meinen Sinn dahin
wo die wägsten Früchte prangen

Ebenmass im Werden ist Mein Zug
Granulat der Hoffnung Meines Geltens Gabe
Unverletzlichkeit das Sprichwort Meines Wesens

Was Ich sage tönt wie Morgenrauschen
Reinheit ist im Klingen Meiner Melodie
In erhabnen Sinnbezügen

Losgelöstheit atmet was Ich webe
Lächelndes Gestilltsein blüht Mir
in der freudevollen Seele

Lauterkeit im Sternenglänzen
Schwebende Bewusstheit im Allhier
wo die Welten Mich durchkreisen

Wirkfeld ausgesetzter Taten
hoch melodisches Gesumme
wo die Sphärenklänge sich durchfluten

Wesensspiel der Kräfte in den Räumen
Farbensattes Strömen her und hin
zu den dargereichten Polen

Ewigkeitsgeglitzer wo Ich scheine
Tauchen in die Tat im vollen Seinskreis
ohne Meine Würde zu vergeben

Einssein mit den eignenZielen
unbeschwert im graziösen Spiel
Meiner Hingegebenheiten

Rast in Ruhe wo Ich schweige
Pures Stillsein in der Harmonie
Meiner allergrössten Tugend

Abgesang im Blütenreigen
In Mich selbst versunkenes Gespür
für lichte Seligkeiten

Wachsendes Gepränge

Voll Seinsdynamik steh Ich vor den Gottesräten
Der Sprung ins Ungewisse
bringt Gewissheit in die Seelenliturgie

Die Mahlzeit der Gerechten
schmeckt wie Nektar
hochgezogner Kunst Geniessen

Aus Lebenslust und Sinnenkraft geboren
treten Welten ins Erscheinen
Breitspur hinter sich zu ziehn

Wachsendes Gepränge Anspruchsflut des
Werdens
Wunderlichs Gezwitscher
dem Gedankenarsenal entlehnt

Waldmeisters Flötentänzchen sommerseits
Idyll des Hirten bei den Schäfchen
landeinwärts in die Heidenwelt gezogen

Wirk- und Wachstumseuphorie in allen Staaten
Trunkenheit des Aufstiegs ins Riskante
im Angesicht des Fallbeispiels

Leben schwingt sich aus sich selber ins Erwarten
Willenskraft begeht die wechselvolle Tat
des Auseinanderstiebens

Allernächste Nähe des Entartens
Flucht ins Grandiose
der geschaffnen Ungehörigkeiten

Seinsdruck überall im Wirkgefüge
Blütenblut im Farbkreis der Struktur
der Rosenblätterweichheit – im Zerfallen

Hinter Mir verduften die Gefilde
Die Gedankenbilder ziehn sich ins Verblassen
Blättermodern raschelt vor der Tür

Von Kreis zu Kreisen rundet sich die Riege
Mir selber heimisch plan Ich das Vergehn
ins unergründliche Verrammen

Verwehn ins Nichts ist die Potenz des
Wohlgefallens an Mir selbst
im unerschöpflich reizenden Verspielen

Lebenspoesie

Urwucht der Formung im Gedankenstoss
Begeisterndes Geflüster hierseits
Tausendfussgetrippel zu entladen

Gleitflug der Vernunft in Richtigkeiten
Seelensicherheit im Stimmungsbild der
Rosenwölkchen
Musenleichtigkeit im Schleier der Verliebten

Graziös geführtes Sinnspiel im Bereden
Lichtfleckzauber auf den Blättern des Verstehns
Sonnentips im Wellenreiten

Weidmannsheiliges Geknatter in den Büschen
Hasenschartenwetzer tragisch komisch anzusehn
im frischgeputzten Grünen

Rausch der Farben in den Gärten
Ebenmass der Sinnlichkeit vorauszusehn
im berührungslosen Duften

Spektrum des Empfindens allbezogen
Aufgefächertes Erkennen im Gesetz
der fliehenden Wahrhaftigkeiten

Modulation der Stärke willentsprungen
Andacht vor dem Unermesslichen
das uns durchwirkt in Redlichkeiten

Silberschnur des Werdens
Fliessender Gebärden Tugend
wo die Freudenlichter glühn

Lächelns Ausbund wohlerwogen
Traumwandlerische Mitte atemlos
in der Stille des Gedenkens

Langgezogenes Verklingen der Nuancen
ziselierter Farbigkeit im Ton
der Einheit aller Hannonien

Sinnbewusste Leichte ohnegleichen
Himmelfahrt ins Trauliche
der Lebenspoesie

Heilumflossenes Erwarten
strömender Beglückung in der
heiteren Präsenz des Schweigens

Strahlendes Gerechtsein

Im Seinsbefinden überschaue Ich die
Wirklichkeiten
Wunderbare Welten öffnen sich dem Sinn
in göttlichen Triaden

Evolutionendichte steigt hernieder
Idee und Zeit vermählen sich
zum Alldom in den Sphären

Reine Herzlichkeit im überströmen
rundet die Gesetze des Gestaltens
zur vollendenten Figur

Unerschöpfliche Geduld spinnt sich
ins raumgewahrende Gewissen
dem Bedeutungswillen zu

Sinnkraft flutet ins Geschehen
Auserlesene Bezüge leisten
polgleich das Ergänzen

Die Vermehrung der Gedankenfülle
reisst uns hin
zu stiebenden Unendlichkeiten

In sich beruhend bleibt das Sein sich selbst
des Wollens Meister, der Gedanken Zucht
in heiterem Genügen

Allbereite Kraft bewährt sich, Variation ins Aber-
zierliche entspringt der Feinheit des Gewahrens

Allumfangendes Begleiten schützt das Keimen
Liebevolles Das-Gemüt-Verstehn
taucht in die Gründe aller Wesen

Hilfesinn fügt sich ins Formen
Strahlendes Gerechtsein läutert
das Bedürftige in vollen Zügen

Willensgüte adelt das Befehlen
Seinserfüllendes Begreifen trägt
die Werdenden zur Sternenlust empor

Seismogramm vibrierenden Gefühls
-versöhnend im Gedenken- offenbart sich
in der Herzenstugend des Erhabnen

Morgensicht

Aus Seinslust senk Ich Schöpferliebe in die Tiefen
Dem Dramatischen setz Ich die Milde zu
in mütterlichen Zügen

Ächtung heb Ich auf im Heilumfangen
Leid verwandle Ich in Grazie
des überströmenden Bedankens

Um die Heerschar der Verlass'nen leg Ich Meine Ränke
fliess wie Tau in ihrer Bitte Schoss
dem Hauch der Zuversicht entgegen

Den Wesensabgrund überbrück Ich mit Gestalten
Die Hingefallenen erheb Ich in der Zeiten Lot
ihr Sein ins Meine zu entbinden

Wesensstärke tauf ich mit Gelingen
Meinen Kraftfluss giess Ich über die Gerechten
in der Morgensicht des auferstandenen Äons

Reif zur Reife Bin Ich im Umfangen
Trautheit wo die Töne um sich gehn
im Reigen nie verblühenden Entspriessens

Sinnbereiter Bin Ich jeder hochgefachten Sage
Hüter der Gedankenfeuer
in den reingefegten Zonen

Bar jeden Wunders wunderbar im Glänzen
schnell' Ich -ausgesandt in jede Beuge-
sonnentladen ins Erscheinen

Meines Benedeiens Siege führ Ich
im Stafettensturz durch Raum und Zeiten
hochgesetzten Zielen zu

In die Weltenschaft gestiegen walt Ich
unbescholten
in den Reichen des Bemessens
neu geformter Reichsgeschwader

Ew'ger Heiterkeit Genosse Bin Ich
in der Freiheit überschwänglichem Geniessen
stillen Lächelns vor Mich hin

Wiegenden Gedenkens reich Ich
Meines Reichtums Sagenhaftigkeit
ins unaufhörliche Entfalten

Anmutsgeflüster

Meiner Schau gemäss gestalt Ich liebelichte
Sphären
des Wohllauts vor dem Seelensein
in überströmendem Bewegen

Taufrische Freude ziert den Frühweg des
Empfindens
Im Ebenmass der Lust erfahr Ich
Wonnen seligen Vergnügtseins

Fabulierend rieseln Melodien in die Seidenstille
Reizendes Gezwitscher blitzt ins Äthrische
der lichtgoldreinen Räumlichkeiten

Glasgespinste klingen im Berühren der Gedanken
Halmgewoge bietet sich dem Sinn
in tausendfältigem Verspielen

An den Hügelrücken misst sich des Beschauens
Schöne
In die Ebenen verliert sich des Erkennens Zug
wo die spiegelglatten Wasser hausen

Dominanz des Lebens im Natürlichen
Luftiges Enträtseln des Gewordenen
aus dem Gewirk der eingebornen Wesen

Ins Strahlende erheb Ich mein Entzücken
Unendlichkeiten übergleit Ich trunken
vom Seinsgewissen meiner Züge

Schwebende Wahrhaftigkeiten deut Ich
Stillgesetztes Lauschen trifft Mein Ohr
im Weihekreis der Grazien

Anmutsgefhister schau Ich im Verbreiten
Silberhellen Lachens Zauberkraft berührt Mich
in der gestillten Seelenliturgie

Wachsein in entfachten Helligkeiten
Freien -in der Leichte des Entscheidens-
um den g!ückverhangnen Pol

Seinstust in Elysiens Toren
Allumfassende Gebärde des Bejahens
der mutierenden Verbindlichkeiten

Heimfahrt aus dem Schwingen der Gefühle
-füllentsprungen-in die Bucht
unnennbar süss getupften Schweigens

Reizende Gespinste

Fraglos sprachlos im Sein
Jeder Wonne inne
die sich ereignet im Befinden

Vom Geist durchweht
erscheint der Dinge Hintergrund vor meinen Zügen

Langen Atems lausch ich
im gestillten Raum
dem schwebenden Gedankenspiel

Fortuna kauert mir zu Füssen
ihres Seiens Gunst
verbreitend goldenen Geplappers

Eröffnet sind die Wege
Reizende Gespinste satt von Tau
ergreifen das Bewusstsein

Herdenglocken läuten klangempfunden
Sibyllen lächeln ihr Geheimnis
in die Glut des rosenen Gesichtchens

Aus uraltem Stein ersteht Geschichte
herrscherträchtig in die Kartenschau gelegt
auf verbohlten Räubertischen

Vestalinische Verspieltheit blüht im Gärtchen
siebenfacher Heiligkeit in Lilientreue
vor gestrengen Götterhirnen

Senatorenbrüste drängen sich ins Forumslicht
der Welt die Weisheit ihrer
überbordenden Geschicklichkeit zu künden

In antiken Löchern hausen Katzenjammerseelen
Oleanderduftgewoge reitet durch die Lüfte der
Verschiedenheiten, Tribunale Trosse schwenken in
den reingefegten Hof

Die Gedankenleichte löst sich in die Weiten
dem azurenen Gefieder zugetan
in beschwingten Fröhlichkeiten

Sinnspruch ins klingende Raumgefühl
Galanter Wirkzug zu den Geistern
der Gelöstheit im Beschaulichen

Märchenstimme

Vom Siebensiegelbuch ein Wörtchen lass Ich
hören
Geheimnislust eröffn' Ich sonnenklar
zu fabulosen Weltbezügen

Ins Menschliche gezogen tracht Ich nach Erkennen
Im Götterblick geniess Ich was Ich seh
im vollzogenen Erringen

Austernschönheit Meines Herzens lass Ich
sprühen
Wesensanmut giess Ich in die Auen
Meiner reichgeschmückten Planetur

Freischwung vor den Sonnentoren
Kinderspielendes Geplänkel in der Unrast
der vertriebenen Gesetzlichkeiten

Einfalt schreib Ich auf die Fliesen
Selbstvergessenheit –im weihevollen Tun-
Meiner Obrigkeit zulieb

Starkmut trag ich ins Begleiten
Selbsterkennen in die Bucht
der sehnsuchttriefenden Geschwister

Aus dem Alb gezogenes Gewahren
präg Ich in die Sinne MeinerTreuen
hochgeschwängert mit Bewusstsein

Siegesbrünstig lauf Ich durch die Gassen
der Gemütlichkeit die prallen Tische vor den
Aufbruch ins Erhabene zu stossen

Macht und Milde lass Ich
aus dem übersinnlichen Begreifen fahren
Meine Ufer mit Gottseligkeit zu schmücken

Herzenstrauer des Gesunkenen
Sinnendes Gejubel einer Märchenstimme
zeichnen sich in Mein Erröten

Überbordendes Umfangen füg Ich
heilend und begreifend
in die Einheit Meiner Wesenhaftigkeiten

Sorgsam leg Ich siebensiegliges Verstummen
in das Strömen
Meiner ausgesetzten Breiten

Perlenseligkeit

In der Seelensicherheit geruhn die Härten zu schmelzen
Verschwommnes wird konturenscharf
und Trautheit glättet die gefurchten Züge

Weihevolles Schweigen gleitet ins Erhab'ne
Versiegeltes wird offenbar
dem lichtbewohnten Schauen

Die Vielgestalt des Seins erreicht Vereinen
Jede Formung des Natürlichen entspringt
demselben Pol
von Werdekraft durchschossen

Mein Hiersein ist
ein schillerndes Gebet
von Perl- zu Perlenseligkeit gezogen

Lächelnde Gelöstheit träufelt
freudumflossen in die Zeit
der nie erlebten Wiederkehr

Beseelung füllt was ich erlebe
beglaubigt durch den Wonneton
der mich dezent belächelt

Transzendenz zum Übersinn will fliessen
Wallendes Berühren des Unendlichen
erreicht sein Ziel

Hier und Dort vermengen sich zum selben Strom
holdseliger Gediegenheiten

Umgemünzt sind die Bezüge
Du und Ich sind *eines* Wesens
silberglänzende Statur

Zug zum Heil in allen Dingen
Wirkendes Gerechtsein wo
die Sterne ihre Höhenfahrt bestehn

All-seits streben die Gedanken
Dort gebündelt reichen sie
ins Herz des Seinsgewissens

Ohne Frage ziehend ihre Spur
aus
Zeit und Raum

ins Jetzt des seligen Verweilens

Galaktische Gelöstheit

Lichtsprung

Allweite Tugend im Erwarmen
schaffendes Gerechtsein hinter
jeder Formung ins Natürliche

Einklang ins melodische Erbeben
Herzgerührtheit vor
der Fülle des gewordenen Vergehns

Gedankenreich ins Sinnliche gezogen
Helix der Erfolgsgeschichte
vorgestossen ins Rasante

Abbau des Verbrauchten
Rhythmisierung der gesetzten Keime
bis zum trächtigen Erblühn

Glamour der Gestalten
im Bewusstsein ihrer Macht
aus dem Lebensteig gestochen

Hintergründiges Geflüster unvernommen
von den Protzen der Gewalt
im Tumult des Gierens

Lächelns Ausflipp seinsbezogen
ob den Selbstgerechtigkeiten der Beflügelten
im Stall der Bricoleure

Wehmut vor dem Abglitt
ins banausische Getriebe
der vom Göttersein Vertriebenen

Heilendes Bedenken des Allwesentums
Brandung an die Ufer aller Teilbewussten
ihre Sichtkraftzu erhöhn

Pflege der Gestürzten
Umtrieb wirkgewandter Güte
allem Strebgekribbel zu

Siegverheissung aus dem Schlaffen
in die Melodie der Wappnung
tausendfältig im Versprühn

Kaleidoskop des Lichtsprungs
in den weisen Fächerbund
der Universenweiten

Mimosenzartheit

Meine Dinge ruhn im Trost des Friedens
Wie hingebettet präsentieren sich
die Traulichkeiten Meines Sinngewahrens

Stillsein in der Leichte des Gewissens
Equilibiium der Kräfte
im nocturenen Gedankenspiel

Zärtlichkeit des Weilens
Raumfahrt seelenweit
ins heitere Verklären

Wachheit in erfüllten Sphären
Sinnendes Gedankenschreiten durch
bewusste Zonen der Gefälligkeit

Wohlerwogenes Bescheiden in der Fülle der
Gelegenheiten

Lauschen ins Harmonische
des blütenreinen Gleitens

Nachsicht sinnverwandt dem Staunen
über das Gewordene
im Siegel des Gedeihens

Granulat der Unerschöpflichkeit
das sich willfährig
in die Zeit entrieseit

Schauplatz des Gewinns aus Nichtigkeiten
In sich selbst gesammeltes Gelingen
vor den Augen des Bestehns

Mimosenzartheit im Entscheiden
Gefühlshauch wo die Blätter lispelnd sich verstehn
in verliebten Artigkeiten

Grenzfall ins versuchte Träumen
Wacht im Burgfried
leise leis im Zeitverstreichen

Wesensfreude neu geboren
übersinnliche Bravour
aus der Weihekraft gehoben

Ruhn im Sein der Sicherheiten
hoffendes Beschliessen des Geschehns
am schlichten Tordes Scheidens

Reizende Gelegenheiten

Gang zur Mitte seinsumwunden
liebevollen Drangs Entbinden
in der Trautheit der Gefühle

Flehendes Verlangen all-seits
Innewerden sagenhafter Ruh
in der Einheit des Gewahrens

Abgeklärte Züge heilentsprungen
Mass der Künste gegenwärtig
im erwartungsvollen Wellen

Equilibiium des Schwebens
in Gedankenleichte
über allen Tiefen

Wandernde Präsenz der Sinnspruchboten
lächelndes Bereichern mit Gespür
aus vollgepressten Speichern

Immerwährendes Gewinnen neuer Einsicht
tröpfelnde Magie des Andersartigen
in wortspieltänzeri sch gesetzten Zeilen

Hechtsprung ins entdeckte Kühlen
Pudelhundgeschwader in der nassen Euphorie
der reizenden Gelegenheiten

Wasserfallgeschiebe im Zerstieben
Rundgesang der Baumnatur
in dezent erstiegnen Rängen

Prunkfahrt in geöffneter Kabine
Windspiel unverfroren
um die leichtbekleidete Statur

Sesamzeit in allen Dingen
Farbenpracht im Augenblick gesehn
an den festlichenFassaden

Weiheakt des Scheidens
aus der Fülle des Erscheinens
blitzender Besonderheiten

Nachklang ohnegleichen
in der puren Forschheit
des gestaltenden Erinnerns

Galaktische Gelöstheit

Form- und zeitlos Mein Gewissen
Heiterkeit Mein Lebens Brauchtum
unter ausgesuchten Seligkeiten

Neuwert Meiner Züge seinsentbunden
hoch wie Stapelgold
in dickverschlossnen Truhen

Meister jeden Zauberlehrlings
schnurgerader Weg ins
omniräumliche des ewigen Erglänzens

Wesenhaftes Wirken in den Sternensälen
Auf und Nieder der Gestirne
wohlgesetzt in sausenden Spiralen

Rhythmendichte im Planetenleben
Pflanzgrund lichter Heiligkeit
in der Lebensprofessur

Säbelrasseln der Gestörten
Veitstanz der Betrognen
in der selbstischen Glasur

Siegessingen der Zeloten
vor dem aufgespannten Himmel
ihres Gotteswahns

Mastwurf in die Magengrube
Saufstrom in den Schlund
des ungeheuren Sich-Vergierens

Unbewusst in Meinem Klaren
setzen sich die Wesen
in die Pole der Lebendigkeiten

Trautheit gleitet liebelicht dahin
Sanftmut öffnet sich begierdelos
in seligem Verspielen

Reinheit ist das Siegel Meiner Pflege
galaktische Gelöstheit Meine Rezeptur
im überird'schen Geisterwallen

Wesenseinheit wirkt in Näh und Ferne
Wortkraft bildet was Ich trunken seh
im bewussten Reiz der Universen

Myriadenfache Wachheit

Ich Bin das Göttliche in Seinsbezügen
der Vielzahl *Eines* Meiner
Eigenwürde zugetan

Substanz in allen Dingen
Wächter des Bewusstseins
in die Zeit gestiegen

Meines Trachtens Wille
spreizt sich in die Seinsstrukturen
lächelnden Beschreitens

Meine Übermacht
kreist ungehemmt von Pol zu Pol
in grellen Sichtbarkeiten

Landlust lass Ich walten
wo Kometenschauer sich
zu neu geformter Planetur versammeln

Bedingungen des Lebens setz Ich
auf die Trüllen
vor dem Flammenpfingstaug

Millionenspurt ins Niedliche
reist immerzu
durch Abergründe – unbesonnen-

bis der Weckruf Meines Odems
das Bewusstsein züchtet
in den Selbstwert Meiner Kür

Aus wirren Haufen steigen die Gerechten
Helden Meiner Zugkraft
in die Götterwelt empor

Sie stehn in Meinem Lichtbann
jauchzend ohne Wanken
ihrer selbst bewusst im Seinsgrund

Meiner Eigenheit Gewinn
Entzücken in den Allkreis strahlend
sonnkraftsprühend, geistentbunden

Myriadenfache Wachheit ist der Sinn
im Multikreisen Meiner
gottesmütterlichen Augen

Verwandlungskunst

Vertrauen Meines Zeichens Seinsvollzug in allen
Dingen
Pflege bittender Gewähr
im Seelenreichtum der Gezeichneten

Liebe lass Ich sich entfalten
aus des Herzens unbeschwertem Ton
im Einklang mit des Seins Wahrhaftigkeiten

Gleichmut überzieht die Züge
Meiner fliessenden Gerechtigkeit
in allen Sonderheiten

Eingeborne Kraft verbindet
was die Treue zu Mir selber schuf
im Ring der Widerwärtigkeiten

Seinsgespiel in Siegessphären
feiner Wappnung unbedingter Trost
für alle wundgeschürften Füsse

Lichtwesens Einsprung ins Gewahren
Verwandlungskunst ins Überirdische
der innewohnenden Vergottung

Trank der Milde sinnenden Bewahrens
liebevoller Heiterkeit
im Glanz der Daseinseuphorie

Zug zur Sittenstrenge
im Erheben der Gefühle
zur Alleinigkeit im Werden

Freimut planvoll ausgegossen
über die Gefilde der Gerechten
im Entzünden ihres wirkgewandten Strahls

Sonnenstille feierlich erhoben
vor der Seelenandacht
traut und lieblich im Gedenken

Redlichkeit im Spiel der offenen Bezüge
Wesenssicherheit im Werden und Vergehn
der pulsenden Alltäglichkeiten

Seinsbefinden im Rumoren
Vollendetes Ergeben in die
überbordende Verlassenheit der Tränen

Liebesorgende Vernunft

Ich Bin die Führung Meiner selbst im
Seinsgewissen
der eignen Trautheit Wille
brennend alle Brände der Gefahr

In wacher Kühnheit
trag Ich was Ich Bin
ins wachsende Vollenden

gestalte Meiner Welt Bezüge
nach der Formel
des Erweckens liebesorgender Vernunft

Feinheit in den gröbsten Rillen
Wohlerwogenheit im Rotten der Glasur
der zerreissgespannten Stricke

Pechnasensturz im Minnesang besungen
Mich Verschütteln im gezielten Strahl
der protzenden Verdriesslichkeiten

Reingold der gezähmten Albereien
Schwarzweisswechsel aus der Tugendqual
in die Meisterschaft der Stimmigkeiten

Ebenmass im eingesenkten Lauschen
glatter Weile spiegelndes Verebben
in der Sternensicht gesehn

Schaugericht ins Drohnenreich der Weiten
Alpenmütterliches Singen über Täler hin
im horngeführten Gleiten

Lächelns Seligkeit im Ranken
um den Bund
erhobner Unermesslichkeiten

Gestillter Liebedurst im Schauen
Hingegebne Eigenheit im Zug
der harmoniendichten Schöne

Leises Weg gehen ins Erhabene
Herzerfüllendes Begreifen
der vertrauten Einheit aller Gegensätzlichkeiten

Hochgefühl der Freie
hell und sinnenfroh
im All-durchfluten

Raumverklingen

Erfüllte Heimkunft

Die Seinskalotte überwölbt den Himmel Meiner
Taten
Als "Ich Bin" beweg Ich Mich im Lichtmeer
der pulsierenden Bewusstseinswelten

Einheitswillen trägtMich ins Entfalten
der schwingenden Gerechtigkeit
in jedem bindenden Befehl

Liebesglöckchen sind beredte Boten
des Vermählens schroffer Gegensätze
im umrankenden Gewissen

Äthrisch ist der Boden der Gedankenfülle
ein verduftendes Gewoge
was der Fühlkraft angehört

So durchreise Ich die Welten
willig dem Erkennen zugetan
in btossgesetzten Gründen

Meinen Lebenssinn empfangen
will Ich wie die Weihe der Erwählten
im Begreifen der obwaltenden Gewähr

Aus dem Kelch der Güte Bin Ich abgesandt zu
trinken
Meine Würde zu ermessen atme Ich
den Glanz der ausgegossnen Tage

Lieblich sind die Auen für das hüpfende Gemüt
dem Wonnesein ergeben

Rinder trachten nach dem Gras
Der Herdenglocken Ton durchsingt das Tal
in hundertfältigem Verspielen

In Wesensanmut schreiten Wandernde
im ausgesetzten Weg dahin
die Blümchenpracht zu kosten

Bergmannsweite macht sich gross
den königlichen Blicken
in bedauernswerte Tiefen

Erfüllte Heimkunft abgestiegen
Windröschen sanftes Herz
in seligem Behagen

Wallkraft

All-liebend Bin Ich im Begleiten
Randvoll Meines Herzens Übergriff in jede Weite
Weltenkeime zu erlösen

Unbill trifft Mein Licht
Sakrilege hüll Ich ins Erbarmen
Meiner tiefgefassten Innheit

Wieviel Wahnwitz seh Ich gleissen
Welche Glossen tragen sich dem Himmel an
in lächerlichen Krämpfen

Vaterwürde lass Ich walten
Behutsam weis Ich die Verirrten
in die Züge Meiner Bahn

Jeden Nachtschrei hör Ich gellen
durch Mein allbereites Sinnen
ins urmütterliche Goal

Meiner Sanftmut Drängen
legt sich auf die Häupter
der bedeutungsvollen Schar

Aufrecht schreit Ich durch die Massen
Jeder sieht was Ich am Wendepunkt getan
ins unermessliche Entgleiten

Wallkraft ström Ich in die Breiten
Meines übersinnlichen Entfaltens
mit erhabenem Bedacht

Trugfrei und gelassen Bin Ich
in Gefahren wie im
blitzenden Entzücken des Gelingens

Jahrlang zücht Ich des Geflechts Verdichten
in der Klare des Bewusstseins
Meiner Wesenstrilogie

Aufstieg in die Lichtkaskaden
Meiner Seinskraft wirk Ich
für die lebenstreuen Filigrane

Verherrlichung schaff Ich in jeder Phase
Meines überragenden Geleits
ins heilgetränkte Gründen

Harmoniegefüge

Im Menschengottbewusstsein kenn Ich mit
Bewundern Meinen Strahl

Zu Mir selbst ins Freudenlicht erhoben
ist die Wachheit Mein beglückend Los

Geborgenheit in Tugendstärke
bewusste Reinheit seh Ich spriessen
in Meines Seins erhabener Manie

Frei von Geschichtlichkeit bewirk Ich Werden
Gedankenkräftig leg Ich Neusinn ins Geschehn
der wiederholten Tausendfältigkeiten

Sorgesam erwähl Ich Meines Wollens Züge
Unbedachtheit weis Ich weg
im Wurfbild der gesammelten Gediegenheiten

Heiligkeit und Schönheit sollen walten
Liebvoll füg Ich Herzgespinste zu
in der Wirklichkeit Vollenden

Gross und unsichtbar Bin Ich für die erkalteten
Gemüter in der Kaskadenfolge Meines Sehns

In ihr Bewusstsein lass Ich Wesensanmut fliessen
Aufbruch blas Ich in die hochgestellten Ohren
Tongeschmetter in die Wahnwelt derVerirrten

Aller Sorten Ungemach befehl Ich
dass sie ihre Schmach erkennen
und in Mir der Weltenbünde Stärke sehn

Abglanz Meiner Würde leuchtet auf die Weisen
In Mein Sein erhoben trachten sie
Mein Werk ins Harmoniegefüge zu entbinden

Lauterkeit und Willkraft lass Ich keimen
Überwaltende Geduld in Wesensgüte
reich Ich den Gerechten

sie in Meines Seins Behutsamkeit zuführen
wo die Rätselringe sich erlösen
wo das Lächeln sich ergiesst

äonenweit von Stern zu Stern
von Raum zu Räumen
strahlenden Unendlichkeiten zu

Wunderbare Augen

Mit reiner Herzlichkeit erfüll Ich Mein Umfangen
Mein Wirken ist der Gottesliebe Lohn
in deinen ausgesetzten Tagen

Die Sprache Meines Umgangs ist ein Säuseln
des Winds im Seelenblätterhain
von Liebeduft getragen

Deines Wachens Stärke lohn Ich mit Begrüssen
deiner Tugend Werke mit Beseligung
in tiefgefassten Gründen

Feierlich und froh ist Mein Begaben
Eine Himmelswelt bricht auf im Dich Erwählen
wenn du Mich erwählst

Wie heimgekehrt von langem Schweifen
erkennst du deiner Heimat liebelichten Strahl
in freudetrunkenem Bewegen

In Seinsgefilden lässest du dich nieder
die sich verbreiten in der Näh
wie Rosenwölkchenschweben

Vom Urquell des Begründens fliesst was Ich vor dir
entfalte in dein hochgesetztes Wohl

Wachsendes Beglücken leih Ich deinen Zügen
Unversehrte Meisterschaft giess Ich in deiner
Hände Tun
der Werdelust verschworen

Die Herzensstille sei der Ursprung deines Wirkens
Mein Bannen äussert sich im freien Stil
den Ich in dein Betroffensein entlade

In Mich befohlen trägst du Sternenglanz von
hinnen
Bewusstheit Meines In-dir-Auferstehns
schallt tausendfältig in dein Lauschen

Geprägt bist du für alle Zeiten
von Meinem Willbund ausgesandt
in jeden Raumes eingebrochnes Tal

Bist unteilbar Mein Wesen
im Wollen der Allherrlichkeit
vor Meinen wunderbaren Augen

Taubenpaar

Ich Bin der Einfalt rettendes Begrüssen
beschütz ihr Haupt mit Meinem Stab
für sie die Kindschaft zu erklären

Mein Allsinn fühlt ihr Seinsbetragen
beschreibt den Gütekreis um sie
und lässt sie in die Leichtigkeit entfliegen

Wo find Ich was Ich hoffend suche
ein Wesen das sich Mir ergibt
in unbedingtem Trauen

Ich will es mit Barmherzigkeit bekleiden
seinen Ruhm begründen im Allhier
vor allen Nebensächlichkeiten

Mein Auges Glanz liegt auf den Häupten der
Geklärten
Mein Spruch trifft ihr gestaltendes Gehör
in schön gesetzten Variationen

Genug der Mühsal in den Niederungen
Ich hebe den Geduckten aus der Qual
sein Harren mit Erhabenheit zu lohnen

WieTau fliess Ich in dein Befinden
benetz mit Honig deiner Treue Fron
aus Meines Füllhorns Übertragen

Nun sieh wie rein Ich dir vergebe
was deine Makel sind
im Winden deiner Spur

Nur Meine Wege sollst du suchen
den Duft der Unbegrenztheit atmen
wo du Mich erahnst

Meine Worte send Ich botengleich in deine Träume
fach dein Begeistern trauend an
allein Mir zu gehören

Mein Wesen ist in deins verflochten
in hochbedeutender Manier
nur im Erkennen zu ergründen

Erschaff Mir Recht bedeut Ich
Lieb und friedvoll seien beide
wie ein gurrend Taubenpaar

Lied ohne Noten

Weder Zeit noch Raum im Urgeschichtsbeginnen
nur das "Ich Bin" im Kräfteglanz der Einheit
übersinnend seine eigne Melodie

Seligkeit an sich im Heilsempfinden
Lied ohne Noten im verhaltnen Schwebeton
dem Lächeln der Genügsamkeit ergeben

ob jeder Wahl in seinsbewusster Würde
sich selbst gesellt im Wachen
Manifest der Harmonie

Beglücktes Warten weihvoll in die Gegenwart
gezogen
Ungeborenheit im Stand der Gnade
Fülle in bewusster Leere

Seelensein im eigenen Berühren
Sicherheit der Gegenwart
im Allbedeuten

Willgeladene Potenz
Gedankenlosigkeit im Leicht-Sinn
Güte ohnegleichen

Wesenseinheit im Bewahren
Un-gesandter Bote der Gediegenheit
im wahrgesetzten Ruhn

Zu nichts erkorenes Erhalten
Standbild unversehrten Kreisens
ohne Mitte ohne ausgesetzten Pol

Attributlos in der eignen Schwere
Un- erhoben, ungesüsst
in geisterhafter Stille

Innewohnend strahlendes Vibrieren
Herrschaft ohne Krone
Wirken ohne Fasslichkeit

Unentschlossenheit im Werten
Bewusstes Sich-Enthalten
Glorie im eigensinn'gen Wohl

Verschwenderisch geworden
universenfältig
in sich selbst verloren

Raumverklingen

Im Gotteslicht erhellen sich die Sphären
Schatten fallen ab ins Unnatürliche
des tragischen Empfindens

Helle Leichte ist der Wesenheit zu eigen
in der Ich Mein Beschauen seh
ins Überirdische getragen

Heilkraft des Begreifens
Freie des Gefühls erfüllen Meine Sichtbarkeiten

Abgeschiedenheit ins Trauliche der Götternischen
Selbstbespiegelung soweit das Auge reicht
in seinsgewissen Zonen

Aufbruch ins entsagende Bedeuten
Lächelndes Entwirren der Gedankenknäuel
in die kurzgefasste Klarheit

Nah dem Signum des Entzückens
aus der Zeit geschieden in die
Gegenwart der wogenden Gefälligkeiten

Karawanserei des Wartens
Bild geschäftgen Durcheinandergehns
in frischen Morgendämpfen

Seinsgelassenheit im Ruhsinn
Metamorphose des Gedenkens
ins Erhabne des Beschauens

Zeuge der Bewegtheit
Sinn im Unsinn der Gepflogenheiten
In der Wiederkunft gesehn

Einfalt des Erkennens
der bestimmenden Gesetze
im erfundenen Gedankensaal

Lösung des Gefühls
ins Seinselysische
enthüllter Sphären

Weihung an die Güte des Geschehns
Seelenschmückendes Gebet der Heimlichkeit
im Raumverklingen

Wonne des Begreifens

Farbenmodulation

Licht und Frieden Bin Ich seinsgeboren
Wesensheiligung entspringt gedankenleichten
Zügen im geklärten Herzgefühl

Seinskraft strahlt aus liebendem Erwägen
Seelensicherheit bewahrt sich
in der Grazie des Urvermögens

Singende Gelöstheit überwallt das Weilen
Zeit der Anmut wo die Bilder sich verstehn
als freudenspendendes Erklären

Wagemut im Sonnenkeimen
Überbordendes Gewittern
aus Vernunft und seligem Beweinen

Wachsflügelftug in ktihlgesetzten Zonen
Lustgewinst aus Strenge
und bewilligtem Vergeben

Flageolettenspiel im Flötenreigen
Silberfliessendes Geplänkel seitenlang
durch das betupfte Seelenwehn gezogen

Auf den Tisch geriebne Herrscherwünsche
Einbezug der Mächte ins Geschehn
aus Gedankenzuchterleben

Eigensinn im Wünschekreisen
Blossgesetzter Übermut
vor dem mütterlichen Räsonieren

Wahrheitsfindung im Beschauen
Nostalgiegeflüster wenn die Hähne krähn
im Burgenland der Veteranen

Freiheitswimpel in die Sicht gezogen
Allerfüllendes Gezwitscher vifen Stils
voll begeisterndem Bewähren

Herbstruh im Verfliessen
Farbenmodulation im reizenden
Vor-allen-Augen-Stehn

Quellfluss im Versiegen
Wortgewaltiges Verstummen
in der Fröhlichkeit des Herzgebarens

Kein Klagelaut

Ich Bin voll Licht und Kraft in allen Dingen
Bin Beweglichkeit im Tun
das Weltgefüge zu erschliessen

Meiner Weisheit Pfand sind die Gestalten
des geballten Göttersinns
im Wuchs der Evolutionen

Seinsdynamik ist in jedes Gran gegeben
dem Ich Meines Willens Stärke auferleg
im fortgesetzten Zeugen

Meiner Köstlichkeit Gewinn sind
die vom Sein Bewegten
in der Seelenaufruhr ungezähmt

Die Taubildleser sind's in jeder Phase der
Geschicklichkeit Mein volles Hiersein zu bedeuten

Wem es gelingt die Lieblichkeit der Welt zuweilen
In Selbstbewusstheit fleckenlos zu sehn
wird Meiner Würde würdig sich erweisen

Wer innehält und schweigt in seinem Rasen
der bildet sich Mein Bild im Seelengrund
von unermessner Schöne

Kein Klagelaut ist noch in Meinem Heiligtum zu hören
Kein Jota eines Makels abzulesen
in Meinem In-dir-Gegenwärtigsein

Erhaben tritt Mein Schau'n in dein Vernehmen
wo du dich leiten lässest
von der Unschuld Meiner Gaben

Aus Gottesfeuern ruf ich dich
dein Sein zu loben
in überschauender Bravour

Erwägend Meine Gründe führ Ich dich
zu Ufern des Gerechtseins
im beseelten Herzensfrieden

Trau *Dem* der in dir west
Von Seinen Schwingen lass dich
in die allerreinsten Höh'n entwiegen

Schneckenpostgebimmel

Freigestaltetes Gebräu im Szenenschalten
Wirbelwind der Bilder
im gewählten Herbstblatt Tanzen

Abergründigkeit der Universen
Ballspiel in entzückender Manier
im göttertriefenden Gedeihen

Wunderkerzenpracht vor Kinderaugen
Gassenhauer mit der Büchse im Brevier
Melodien zu versilbern

Sonnenwagenrasseln ausgebrochen
in der Gähnnacht
das Gesicht des Morgenfirmaments zu röten

Halleluja geglückten Werdens
Nimmermüdes Seinsgekribbel durch den Tag
der Myriaden Strebsamkeiten

Trachten nach Behutsamkeit im Glasverteilen
Figalanz im Hälmchenziehn
wo die Bonzen sich postieren

Augenzwinkern zu den Sternen
vom Nebenschauplatz im immensen
Hauptgeschehn
Weltbild zu gestalten

Trikolore des Gesundens
Freudenwehende Gedankenflut
im Turbanhauptgewinde

Krafttrompetenschmetter in die schiefe Umluft
Zungenblitze in die Nebelwelt vertan
Lichtg!anzfrische zu gewinnen

Heimchenreigen am Gehö!zrand
Fliegenpilzgeschnatter vor den Füssen
der zertretenden Behutsamkeit

Wettbewerb im Gräsermalen
Schneckenpostgebimmel durch die
Maienglöckchen
in der Glitzertauenflur

Stoppen der Rasanz im Beugen
Selbstgefäll'ges Händchenhalten
in verklärter Positur

Koda des Vergessens

Aus eigner Tiefe rufe Ich zu Mir
und finde feinen Widerhallens Ruhn
Meinen Allsinn zu begreifen

Raumlose Stille fügt sich in Mein Hochbefinden
Seligen Erkennens Blüte öffnet sich
dem Da-sein im bedeutungsvollen Weilen

Eine Botschaft hör Ich klingen wie von ungefähr
im aberweit gespannten Saat
Meine Heiterkeitzu nähren

Ewiges Beginnen quillt aus Meiner Regsamkeit
Gewissen
Aus-klang ins Unendliche schwingt sich
aus Meiner Mitte hochgewölbtem Bogen

Manifest der Heimlichkeit in Herzensgründen
Schöpfungswunder bilderwerdend aus sich selbst
im gelassenen Besinnen

Willgeprägte Wirklichkeiten
unbedingt dem Druck gehorchend
in die nie erreichten Tiefen

Grenzwert der Gesetzlichkeit
im ausgebauten Fliessen
ohne jemals stillzustehn

Freischwung über Lamentationen
Sonnenglitzerndes Entzücken ausgesandt
in Meiner Sinnenkräfte Strahlen

Wesensleichte aus Mir selbst gehoben
Lächelndes Gestilltsein im erworbenen Bezug
zu den allerreinsten Fröhlichkeiten

Sagenwelt der wandernden Gefühle
Grossgeschriebne Wachsamkeit
in den Hallen des Beratens

Ausgang ohne Ende
Feierlich gestimmte Koda des Vergessens
vor die Innensicht getan

Melodie im letzten Schweben
Tonlos träufelndes Gesicht
an die Niederkunft verloren

Lebenquellendes Gesunden

Im Seinsblick folgen wir dem Sonnensegelgleiten
sehn Monde und Planeten vor uns ziehn
und lassen ihre Bahnen sich umkreisen

Sphären öffnen sich in die zu treten
unser Trauen sich ermisst
in grandiosem Wegbeschreiten

Katapult der Hoffnung in die Weiten
Feldzug der Geschicklichkeit in alle Winde
unser Willesein zu präsentieren

Himmelsrunden wissend tragen
Sternenmeisterschaft allüberall geschehn
im bewussten Dirigieren

Innovation bewegter Zeiten
äonengängig im Gedankenarsenal
der überragenden Gebieter

Einschluss in ihr Werkgehaben
Lerngebot in allen Phasen des Erkennens
der beziehungsreichen Transvestie

Götterblick durch Menschenaugen
Siegessicheres Bewerten dessen
was in Seinem Willen steht

Glanz der Träume herzerhoben
Freudetrunkenes Gewissen um die Einheit
aller Dinge des Erscheinens

Seinsvermählen voller Güte
Wesenblühendes Vollbringen
in der Tat der anerkannten Seligkeiten

Weihevolles Mich-Behüten
in der Glorie des Seins
nimmermüd im Jauchzen

Heimkunft ins Geklärte
Lebenquellendes Gesunden
an der Wonne des Begreifens

Lächelndes Genügen
im Erringen neuer Wirklichkeiten
im bewussten Über-alle-Grenzen-Gehen

Überragendes Erwidern

Ich verleihe dir den Reichtum Meiner Taten
Segenformende Gebärden weck Ich
dein Vollenden zu begehn

Seelenmägdlein treu im Danken
Weichheit der Gefühlsnatur
streben Meiner Herzlichkeit entgegen

Zartes Bangen, bittendes Verlangen
schmeicheln sich in Mein Befinden
gütewogendes Beschenken auszulösen

Reines Trachten herzbedungen
Siebenfältiges Bejahen der Gesetze
offenbaren *Meines* Willens Ziel

Welche Lehre hast du Mir gezogen
Schreitest du wie unter Palmen still voran
in Meiner Seligkeit zu rasten

Verlege dein Bewusstsein in Mein Weltbegründen
Fach mit Bedacht die Freiheit an
dir Meine Günste zu erwerben

Wie reich du bist in Meiner Helle Tauen
Wie tapfer musst du sein
bis Meine Reiche deinen Klang begründen

Ich Bin die Wohlgefälligkeit in deinem Langen
entzieh dich deinen Dünkeln
wo du Mich geflissentlich erhörst

Sag an was soll das Murren der Gemeinde
wo ihr Gebete frommen
bis die Ahnung Meiner Güte sie befiel

Trag dich Mir an
Mein Strahl bereitet sich
dein Dasein zu entzücken

Nimmer lass Mich gehn
entsag den Händeln
leiste Mir Bestand

und fei're Meine Ankunft
in der Selbstverständlichkeit
des überragenden Erwiderns

Wortgewitter

Kätzchenkrallen setzen sich galant in Szene
in den Tagessticheleien
der Verwunschenen

Hast du ausgelernt an ihrem Wüten
stehst du wie der Cherub da
in glänzendem Bewähren

Meine Seinswelt öffnet sich vor deinen Blicken
Du erschaust die Schicksalsstüpse
die dich in Meine Wege lenken

Trachtest du nach Frieden
Sieh Ich schenk ihn dir
wenn du dich reinigst in erhabnen Kämpfen

Das Gewand der Glorie leg Ich dir an
sowie du standhaft bist
im Offenbaren Meiner Majestät

Ich will dich in der Tugend wohl bewahren
Ergib dich Meinem rettenden Erwarten
und beweg dich Meinen Herrlichkeiten zu

Erkenne Meines Seins Verflechtung
in dein Wesens wachsende Struktur
als wär ein Blitz in dich gefahren

Vernimm Mein Wortgewitter
im Gewissen deiner Schöne
und erlebe Mich im Glänzen

Nie wieder wirst du straucheln
wenn du in Meine Bande dich gelegt
in freiem Dich Vergeben

Das Fest bereite *Ich*
im heiligen Gesunden
deiner wesensdichten Planetur

Im Reich der Sagenhaftigkeiten
tret Ich vor dich hin
in bewusstem Zeugen

Glanz vom Glanz bist du
im wunderbaren Lichte
des gottseligen Vereinens